Madame E. GUIHÉRY

UN
MÉNAGE HEUREUX

EXEMPLES ET PRÉCEPTES

D'ÉCONOMIE DOMESTIQUE

COURONNÉ A REIMS, LE 25 DÉCEMBRE 1887

PARIS
LIBRAIRIE Ch. DELAGRAVE
15, RUE SOUFFLOT, 15

UN MÉNAGE HEUREUX

Madame E. GUIHÉRY

UN MÉNAGE HEUREUX

EXEMPLES ET PRÉCEPTES

D'ÉCONOMIE DOMESTIQUE

COURONNÉ A REIMS, LE 25 DÉCEMBRE 1887

PARIS
LIBRAIRIE Ch. DELAGRAVE
15, RUE SOUFFLOT, 15

En 1887, la ville de Reims ouvrait un Concours, selon les intentions généreuses de Madame Doyen-Doublié, pour l'obtention d'un prix de 3,000 fr. offert AU MEILLEUR OUVRAGE DESTINÉ A VULGARISER DANS LES CLASSES LABORIEUSES LES PRÉCEPTES DE L'ÉCONOMIE DOMESTIQUE ET L'ACCOMPLISSEMENT DES DEVOIRS FAMILIAUX, A EN INSPIRER LE GOUT ET A EN FACILITER L'OBSERVANCE DANS LES MÉNAGES LES PLUS MODESTES.

Ce prix (partagé) a été obtenu par l'auteur d'un MÉNAGE HEUREUX, *avec les éloges de la Commission chargée de l'examen des 118 mémoires présentés dans les délais réglementaires.*

> Chacun se file un avenir.
>
> *Proverbe Alsacien.*

> Tout prospère sous la main d'une femme active et soigneuse.
>
> Cte Français.

AUX JEUNES FIANCÉES

DES CLASSES LABORIEUSES.

C'est à vous, mes chères jeunes amies, qui allez entrer dans une vie nouvelle sans avoir l'expérience des mille difficultés du ménage, que je viens parler de deux jeunes époux dont l'existence s'est écoulée, sous mes yeux, dans l'accomplissement soutenu du devoir.

En marchant résolûment dans cette voie, Henri et Julie ont joui d'une heureuse jeunesse, ont assuré la tranquillité de leur vieillesse et, selon toute apparence, l'avenir de leurs enfants.

Il me semble que la simple histoire de la famille Bernard est le meilleur traité d'économie domestique que je puisse vous présenter, puisqu'il est un exemple vivant des bons résultats du travail, de l'ordre, de l'économie stimulés par l'amour de la famille.

Je n'ai donc changé que les noms de nos jeunes amis, en ayant soin de ne pas oublier de vous transmettre les procédés ingénieux et économiques, qui ont été d'un puissant secours à Julie, pour élever ses enfants et leur constituer un petit avoir

Son exemple vous aidera, je l'espère, à rendre votre vie de chaque jour plus confortable et moins dispendieuse.

Puissiez-vous, chères jeunes femmes de nos courageux travailleurs, accueillir ces pages, comme je vous les adresse, avec le vif désir de vous faire heureuses, vous et ceux qui vous entourent, par l'accomplissement plus facile du devoir quotidien.

———

UN MÉNAGE HEUREUX

ACHATS POUR LE MARIAGE

Le 25 juillet 18..., vers deux heures de l'après-midi, la porte du petit salon de madame Espinget s'ouvrit doucement et une jeune femme de chambre demanda :

— Madame voudrait-elle m'écouter un instant ? J'aurais un conseil à lui demander.

— Je suis à votre disposition, ma chère enfant.

Et madame Espinget, qui écrivait une lettre, posa sa plume sur son bureau, rapprocha son fauteuil de la fenêtre, prit une broderie, puis ajouta, en regardant la jeune fille avec affection :

— Je vous écoute.

— Madame connait Henri, le fils du menuisier ? C'est un garçon rangé ?

— Je le crois. J'ai entendu mon mari faire de ce jeune homme les plus grands éloges. Il est, dit-on, fort bon ouvrier.

— Oh ! oui, Madame. Il travaille comme relieur à l'imprimerie Vermansin, il gagne 4 fr. par jour et quelquefois il apporte à la maison des travaux qui lui sont payés en plus. — Madame sait qu'il a vingt-huit ans et moi vingt-cinq ?

— Eh bien ! Julie ? Et madame Espinget sourit :

— Eh bien ! Madame, il parait qu'il me trouve à son goût.

Toute rougissante, la jeune fille roulait, autour de ses doigts, les rubans de son tablier.

— Et....... son père a demandé à mes

parents si je voulais épouser son fils. Je n'ai pas répondu grand'chose ; je voudrais avoir l'avis de Madame. Je suis si heureuse ici ! et puis, comblée de cadeaux, je ne dépense guère pour ma toilette. Quand je serai à mon ménage je gagnerai bien peu et je ne serai pas libre d'employer mon argent comme je le voudrai. Pourtant, malgré mon affection pour Madame et toutes ses bontés, j'ai un grand désir d'être chez moi.

— Je comprends ce désir, ma chère Julie, il ne me froisse pas du tout. Vous avez quelques économies et vous êtes, quoique encore bien jeune, arrivée à un âge où il est tout naturel d'aspirer au chez soi.

— Oui, Madame ; mais c'est égal, je suis bien embarrassée, d'autant plus que Guillaume Nozon, Madame sait ? le frère de la nourrice de ma cousine, m'a demandée en mariage. Son père a du bien et lui aussi ; il est âgé de trente-cinq ans ; mais il est fort et bon travailleur...... Je suis bien en peine.......

Et la pauvre Julie, les yeux fixés sur le tapis qui recouvrait le parquet, tournait et retournait de plus en plus les cordons de son tablier.

— Si Madame voulait me tirer d'embarras ?

— Avant tout, mon enfant, il faut avoir l'avis de vos parents.

— C'est fait, Madame ; mon père et ma mère aiment beaucoup Henri. J'ai été élevée avec lui. Mes parents et les siens demeuraient porte à porte ; seulement ils n'auraient pas voulu me donner de conseils, parce que Guillaume est riche et qu'Henri n'a que sa journée.

— Et vous, Julie, que pensez-vous de ces deux demandes ?

— J'aime Henri. Je l'ai toujours aimé et je me plais bien à la ville ; et puis..... je ne m'entendrais guère aux travaux des champs.

— C'est vrai, ma chère Julie ; et il y aurait aussi à craindre que ces travaux ne fussent trop rudes pour vous.

— Peut-être bien, Madame. Il y a encore autre chose qui me tourmente ; serai-je capable de tenir la maison et de faire la cuisine sans dépenser trop d'argent ?

— Vous vous habituerez aisément à votre nouvelle position. Je vous connais depuis votre enfance et je suis certaine que vous mettrez tant de bonne volonté à vous instruire de vos devoirs, que vous deviendrez promptement une habile femme de ménage et, plus tard, je l'espère, une excellente mère de famille.

— Oh ! nous n'en sommes pas encore là, répondit la jeune fille en riant. Je ne suis pas même fiancée.

Redevenant subitement sérieuse, elle reprit :

— Je crains de ne pas rendre mon mari heureux, de mal élever mes enfants....

— Ne vous tourmentez pas ainsi, ma chère petite. Vous êtes sérieuse, intelligente, très désireuse de bien faire ; vous épouserez un jeune homme sage et laborieux ; il me semble que vous avez de grandes chances de bonheur.

— Madame a raison ; mais....

— Mais quoi ? Julie.

— C'est bien différent d'être chez soi ou d'être femme de chambre. Que devenir si je ne réussis pas à faire marcher le ménage, avec 4 fr. par jour ? Cela me paraît si peu !

— Sans doute, cette somme est bien légère ; cependant, en la distribuant comme il faut, je crois que vous pourrez vivre.

— Si Madame voulait m'aider de ses conseils ? Personne ne pourrait me les donner meilleurs.

— Il est vrai, mon enfant, que j'ai traversé de douloureuses épreuves avant d'arriver à la fortune ; et ces épreuves m'ont donné une expérience que je mettrai volontiers à votre service. En attendant, vous seriez heureuse, je le devine, de passer, près de vos parents, le reste de l'après-midi.

— Oh ! oui, Madame.

— Eh bien, Julie, je vous donne votre liberté. Soyez de retour à six heures.

— Merci, Madame.

La jeune fille sortit en courant. La joie lui donnait des ailes. En faisant sa toilette elle rêvait au petit logis, tout à elle, qu'elle arrangerait à sa guise ; mais parfois ses tendances à l'inquiétude reprenaient le dessus et elle retombait dans ses hésitations.

Bientôt elle est prête. Sa robe de percale lilas et blanche s'harmonise à merveille avec un radieux soleil ; sa coiffure, d'une blancheur éclatante, est soigneusement posée sur ses épaisses tresses brunes. Elle n'oublie pas de prendre la grande ombrelle noire qui la garantira du soleil et, au besoin, la préserverait d'une ondée imprévue.

Elle descend en courant l'escalier et a bientôt atteint, de son pas rapide et léger, la petite ferme exploitée par ses parents, dans la banlieue de la ville.

Nous la laisserons à cette entrevue avec sa famille et nous reviendrons à madame Espinget, qui semble peu disposée à reprendre sa correspondance interrompue.

En faisant aller et venir son aiguille au travers du canevas, elle songe à la confidence de sa femme de chambre et aux conseils que celle-ci réclame d'elle.

Madame Espinget est apte, en effet, à lui donner d'utiles avis.

Fille de petits commerçants, elle s'était mariée, à vingt ans, avec un jeune homme employé dans une filature et de quelques années plus âgé qu'elle.

Joseph Espinget ne possédait que ses faibles appointements et la petite dot de sa femme, ce qui ne constituait pas une brillante fortune.

Ruinés par la concurrence des marchands de solde et par l'habitude prise par les provinciaux, et surtout par les habitants des petites villes, de faire, par correspondance, leurs principaux achats à Paris, séduits qu'ils sont par l'espoir d'un bon marché douteux, les malheureuses gens n'avaient dû d'échapper à une faillite imminente, qu'au dévouement de leur gendre et de leur fille.

En présence de cette situation, les pauvres enfants n'avaient pas hésité à sacrifier leur minime avoir pour désintéresser les créanciers de leurs parents.

Après quelques années d'une existence précaire et laborieuse, ils héritèrent d'un parent éloigné, de la somme de 40,000 fr.

Ce legs, relativement important, avait permis à monsieur Espinget de prendre un intérêt dans l'usine où il était simple employé et dont, quinze ans plus tard, grâce à un travail incessant, il devint le propriétaire.

Six heures sonnaient au beffroi, lorsque Julie, se présentant de nouveau devant sa maîtresse, lui apprit joyeusement que la demande d'Henri Bernard, qui devait se renouveler le dimanche suivant, serait favorablement accueillie et alors le mariage aurait lieu le 1er septembre.

L'entrée de monsieur Espinget, rappelant

à la jeune fille ses devoirs professionnels, la fit sortir aussitôt du salon.

Après son départ, et en attendant que le diner fût servi, madame Espinget fit part à son mari du mariage de Julie.

Une amicale discussion s'éleva entre eux sur le présent qu'ils voulaient offrir à la jeune fiancée.

Le filateur voulait lui donner son repas et sa toilette ; mais sa femme pensait qu'il valait mieux laisser ces frais au compte de Julie et choisir un souvenir durable de leur attachement pour leur jeune servante.

Le lendemain, l'heureuse promise d'Henri vint trouver madame Espinget après le déjeuner.

Encouragée par un bienveillant sourire, elle prit aussitôt la parole :

— J'ai bien des choses à dire à Madame : La Directrice de l'école dans laquelle j'ai été élevée nous recommandait souvent une grande simplicité dans notre toilette, quand nous serions jeunes filles ; Madame est aussi de cet avis ; et moi-même, je n'aime pas à être trop élégante ; aussi j'avais l'intention de me marier avec une robe grise, un joli bonnet et un châle ; mais voilà qu'Henri et son père veulent absolument que je me marie en blanc. Que ferai-je d'une robe blanche après mes noces ?

— Vous avez raison d'aimer la simplicité, ma chère enfant, car trop de recherche et de luxe dans la toilette de la femme est souvent une cause de ruine pour le ménage ; cependant il faut être vêtue au goût de votre mari et selon votre nouvelle position.

Vous ne serez plus servante, mais la femme, heureuse je l'espère, d'un habile ouvrier ; il faut donc adopter une autre mise. Nécessairement vous abandonnerez vos simples bonnets de tulle ou de mousseline, pour porter une capote de paille ou de soie, selon la saison ; vous pouvez donc vous marier en blanc.

— Mais, Madame, que ferai-je de ma toilette blanche après la cérémonie ? Elle sera donc inutile ?

— Non, mon enfant. Si vous voulez suivre mes conseils, vous la prendrez en jolie étoffe de laine ; après votre mariage vous la ferez teindre en gros vert, gros bleu ou violet foncé. La dépense de votre toilette sera ainsi considérablement diminuée et ne vous laissera aucun regret, d'autant moins, qu'étant fort adroite, vous pourrez refaire vous-même votre robe.

— C'est vrai, Madame. Eh bien, c'est dit, je me marierai avec une robe blanche et mon fiancé et son père seront contents. Tout est donc décidé, si Madame veut bien me laisser libre pour le 1er septembre.

— Certainement, ma chère Julie. Lorsqu'une union est décidée, il vaut mieux qu'elle se fasse dans le plus bref délai. Nous sommes à la fin de juillet : Vous emploierez les trois premières semaines du mois d'août à préparer votre trousseau et vous me quitterez le 22, afin de pouvoir consacrer une semaine à votre bonne mère et vous marier chez elle.

— J'avais espéré que Madame me permettrait de me marier ici, dit la jeune servante, d'un air désappointé.

— C'eût été un grand plaisir pour moi, ma chère enfant, si vous aviez eu le malheur d'être orpheline ; mais puisque vous êtes assez heureuse pour avoir conservé vos parents, il vaut mieux que vous passiez sous leur toit les derniers jours de votre vie de jeune fille.

— Oui, Madame ; et je crois que ma mère en sera bien heureuse.

— Je le crois aussi ; mais j'y songe, il me faut une jeune fille pour vous remplacer.

— J'y ai pensé. Si Madame voulait accepter Pauline, ma future belle-sœur; elle a dix-sept ans ; l'âge que j'avais lorsque je suis entrée chez Madame. Elle repasse et coud fort bien.

— Vous pourrez me l'amener. Je sais que

Pauline est une honnête jeune fille, en même temps qu'une habile ouvrière, et je suis persuadée que je serai très satisfaite de son service. Parlons de vous maintenant : Vous avez consciencieusement rempli tous vos devoirs, durant les huit années que vous avez passées près de moi. Je vous ai toujours trouvée douce, affectueuse et laborieuse ; mon mari et moi nous serions heureux de vous témoigner notre affection, en vous offrant un souvenir de vos vieux maîtres.

— Oh ! merci, Madame, s'écria Julie.

— Nous croyons qu'il vaut mieux que vous fassiez vous-même les frais de votre toilette de noces, qui ne sera pas très dispendieuse. Il vous faudra peu de chose pour votre trousseau personnel ?

— Je pense que oui, Madame. Grâce à vos présents ma garde-robe est très bien fournie et j'ai beaucoup de linge. Il me semble alors que deux robes me suffiront. Celle de noces et une autre pour faire mes visites.

Comment la prendre celle-ci ? D'une couleur claire ?

— Ce choix ne serait pas heureux. Vous avez déjà quelques autres robes de ce genre, qui sont encore très fraîches. Il vaut mieux, selon moi, avoir une robe noire, en belle étoffe, bien solide et cependant jolie. Cette robe vous fera une toilette fort distinguée et qui ne passera pas de mode. Attachez-vous dans le choix de vos vêtements à prendre des formes et des étoffes qui n'aient rien de remarquable, afin que vous puissiez les porter longtemps.

— Ce sera bien utile, car je ne pourrais pas acheter souvent de nouvelles robes.

— Il est évident, ma chère Julie, qu'avec le chiffre de vos ressources, la somme que vous pourrez consacrer à votre toilette sera bien faible.

— Heureusement, j'use fort peu mes vêtements.

— Oui, je sais que vous êtes soigneuse. Nous reprendrons cette question de la toilette de la femme ; question bien importante dans les dépenses du ménage. Revenons donc à celles nécessitées par votre mariage.

Vos économies seront-elles suffisantes pour acheter du linge de ménage et des meubles ?

— J'espère que oui, Madame. J'ai 600 fr. à la Caisse d'épargne, et je sais qu'Henri en a 700. Cela fait 1,300 fr. Madame veut-elle avoir l'obligeance de prendre sa plume pour calculer, avec moi, ce que je pourrai acheter ?

— Avec plaisir, ma chère Julie.

— Il me faut bien quatre paires de draps, n'est-ce pas, Madame ? A combien ?

— Vous pouvez prendre, pour cet emploi, de la toile coton ; c'est d'un fort bon usage. Il faut 12 mètres par paire de draps. La toile à 1 fr. le mètre sera fort convenable ; pour les taies d'oreillers, 1^m,80 à 0 fr. 50 c. suffit pour chaque taie, qui reviendra ainsi à 0 fr. 90 c. En y ajoutant les fournitures nécessaires pour les confectionner, chaque paire de draps avec ses deux taies d'oreiller, vous reviendra au plus à 14 fr. en les faisant vous-même.

— Ces draps ne coûteraient peut-être pas plus chers en les achetant tout confectionnés ?

— C'est probable, mais ils seraient de moins bonne qualité, car il faut bien que la façon se paie.

— Bien sûr. Madame veut-elle marquer 56 fr. pour les quatre paires de draps ?

— Il me semble indispensable que vous ayez aussi des serviettes de table et de toilette.

— Je le désirerais bien, mais ce n'est pas l'usage chez les ouvriers.

— C'est un tort : tout ce qui sert à maintenir la propreté du corps et du logis est nécessaire. Pour trois nappes, une douzaine de serviettes de table et une douzaine de serviettes de toilette, 30 fr. seront suffisants. Il vous faudra aussi quelques torchons et tabliers de cuisine ?

— Oui, Madame.

— Je mets 18 fr. pour cet objet. Vous

pourrez avoir aussi de grands tabliers de cotonnade à piécette, assez longs et assez larges pour recouvrir entièrement votre robe, avec des bouts de manche de même étoffe.

— Ces tabliers me seront bien utiles. Voyons : à 2^m,50 par tablier et 0^m,40 pour les bouts de manches ; pour quatre, ce serait 11^m,60. Peut-être ferais-je bien de prendre 12 mètres, le reste servirait plus tard pour réparer les tabliers.

— Il me semble que ce serait une mauvaise économie, les morceaux neufs feraient disparate quand les tabliers seraient à demi-usés et ce serait de l'argent dépensé inutilement. Il vaudrait mieux les acheter tous semblables et, plus tard, sacrifier un tablier pour raccommoder les autres.

— Je n'avais pas songé à cela, je ne prendrai alors que 11^m,60 à 1 fr. 25 c. Cela fait ?

— 14 fr. 50 c.

— C'est cher ?

— Sans doute ; cependant vous ne regretterez pas l'achat de ces tabliers, qui vous aideront à conserver la fraîcheur de vos vêtements.

— Et les meubles ?

— Pour cet article, ma chère enfant, vous ferez bien de consulter votre futur beau-père. Il me semble qu'avec 400 fr. vous pouvez avoir un mobilier convenable.

— Mais c'est effrayant et nous n'avons que 1,300 fr. ! Et ma toilette, et la sienne ?

— La vôtre, si vous m'en croyez, ma chère Julie, sera faite comme je vous l'ai déjà conseillé, avec une jolie étoffe de laine blanche. En grande largeur, 10 mètres suffiront pour votre robe, que vous ferez très simplement, mais très longue. Vous la garnirez de nœuds de ruban, que vous ferez teindre en même temps que la robe ; cela vaudra mieux que de coupiller du satin en garnitures, qui ne sont bonnes à rien quand elles sont décousues. 10 mètres à 3 fr. font 30 fr.; ajoutez-y 20 fr. pour les rubans et les fournitures, vous aurez une toilette charmante, qui ne vous aura coûté que 50 fr., car j'espère bien que vous la ferez vous-même avec Pauline.

— Oh ! certainement, si Madame veut bien permettre à Pauline de m'aider.

— De grand cœur, ma chère Julie.

— Pauline, qui sera une de mes filles d'honneur, a l'intention de me donner mon voile et ma couronne.

— Ce sera une dépense de moins.

— C'est déjà bien assez effrayant. Ce n'est pas tout. Il nous faudra encore des assiettes, des balais, des casseroles... Que sais-je, moi ? Et le repas ? Ah ! mes parents s'en chargeront ; ils économisent depuis si longtemps pour mes noces. Mais je veux un dîner très simple et très peu d'invités. Il vaut mieux que mon père et ma mère gardent leur argent. Henri aimera autant cela, j'en suis bien sûre.

— Vous avez mille fois raison, ma bonne Julie. Que d'ouvriers dépensent toutes leurs économies, acquises au prix d'un si rude labeur et de tant de privations, pour la satisfaction d'avoir de belles noces, et, le lendemain, ils commencent leur nouvelle vie avec 2 ou 3 fr. dans leur porte-monnaie ; encore ne les ont-ils pas toujours ? Je connais une jeune ouvrière, qui avait, comme vous, d'assez fortes économies ; elle les dépensa presque entièrement pour sa toilette ; et, en fait de meubles, elle ne put acheter qu'une table et un lit bien médiocrement garni. Les économies du mari, assez belles aussi, avaient payé le repas de noces, auquel il avait invité cent et quelques personnes ; le fiancé avait acheté sa toilette à crédit. Le lendemain, ils ne possédaient plus, à eux deux, un centime pour acheter leur nourriture. Moins de deux années après ces folles dépenses, François et Joséphine demandaient leur pain.

— Cette histoire fait peur, Madame. Vous l'avez prise dans un livre ?

— Non, mon enfant ; je vous ai dit que je connaissais ce jeune ménage, que j'aide parfois à cause de ses nombreux enfants ; pauvres innocents qu'on ne peut laisser souffrir de l'imprévoyance de leurs parents. Ne craignez rien, ajouta madame Espinget, souriant de l'air effrayé de Julie, cette histoire ne sera jamais la vôtre ; je vais revoir le compte que nous venons de faire en y ajoutant votre robe noire, qui vous reviendra à peu près au même prix que la robe de noces. Suivez-moi, s'il vous plaît, Julie :

4 paires de draps à 14 fr. l'une.	56 f	»
3 nappes à 4 fr. 50 c.........	13	50
12 serviettes de table.........	10	»
12 d° de toilette........	6	»
6 tabliers de cuisine à 1 fr....	6	»
4 d° en cotonnade et leurs bouts de manches, ensemble......	14	50
Fournitures pour ces tabliers....	2	»
Étoffe de laine blanche et ruban.	50	»
d° pour la robe noire.......	50	»
Meubles divers, environ........	400	»
Total......	608 f	»

— N'avons-nous rien oublié, ma chère enfant ?

— Je ne pense pas, Madame, à moins pourtant ?... Il faudrait bien des rideaux au lit et aussi un tapis.

— Sans doute ; je suppose que 50 ou 60 fr. suffiraient pour ces objets.

— Quels rideaux prendrai-je ? Des rideaux blancs ; on n'en met plus guère... De la perse fond noir, avec des fleurs de toutes les couleurs, ce serait charmant.....

— Ni l'un ni l'autre, si vous voulez m'en croire. Comme vous le dites, on ne met plus beaucoup de rideaux blancs, et, en effet, ils perdent bien promptement leur fraîcheur. Quant aux rideaux fond noir, ils paraissent propres quand ils ont grand besoin d'être nettoyés.

— Que faire alors ?

— Acheter de jolie perse fond blanc avec des dessins rouges ou bleus ou violets, selon votre goût ou celui d'Henri. Vous pourrez blanchir ces rideaux une fois par an, au printemps, sans que les couleurs pâlissent beaucoup, si vous avez soin de choisir cette étoffe de bonne qualité.

— Je prendrai donc de la perse fond blanc au goût de mon fiancé. Combien me faudra-t-il de mètres ?

— Quarante mètres, je suppose, à 1 franc le mètre. Il faudra donc débourser 40 fr. pour vos rideaux de lit et de fenêtre.

— De fenêtre ! Je pensais ne mettre que des rideaux de vitrage.

— Ne craignez-vous pas que ces petits rideaux n'ôtent de la clarté à votre chambre ? Une ouvrière, femme très intelligente et très pratique, me disait, ces jours derniers, qu'elle avait toujours mis chez elle de grands rideaux, avec des embrasses faciles à détacher. « Avec » ces rideaux, » me disait-elle, « on peut » travailler jusqu'à la dernière heure du jour : » dans l'hiver, ils vous abritent ; dans l'été, » quand le soleil est trop ardent, on les laisse

» tomber, et, en toute saison, quand on veut
» éviter les regards indiscrets. »

— Je serais bien contente d'avoir de grands rideaux ; mais, cependant, les petits donnent un air propre et soigné aux appartements ; et ils sont si vite blanchis et repassés.

— Eh bien, alors, mettez de grands et de petits rideaux ; la mousseline n'est pas chère ; et le tapis ?

— Ah ! c'est vrai, on oublie toujours quelque chose. Un tapis de 10 fr. serait suffisant ?

— Il me semble que oui. Mettons alors 72 fr. pour les rideaux et le tapis ; j'espère que, cette fois, nous n'avons rien oublié. Regardons l'addition : 608 fr., auxquels j'ajoute les 72 fr. de rideaux et de tapis, ce qui nous fait alors 680 fr.

— Quelle somme !

— Elle n'est pas au-dessus de celle dont vous pourrez disposer avec vos économies réunies.

— Henri voudra sans doute me donner un châle et des bijoux ?

— J'espère qu'il ne vous offrira que ce qu'il pourra payer comptant, sans employer toute sa réserve ; chose fort importante, vous le comprenez, ma chère enfant, car, c'est ce soin de toujours dépenser un peu moins que vous ne possédez, qui vous empêchera de tomber dans la misère.

— Je comprends bien cela, et pourvu que j'aie ma bague de fiançailles et celle de mariage, toutes les deux très simples, je ne tiens pas au reste. J'ai trop grand peur de la misère.

— Vous exagérez toujours, ma chère enfant, c'est un tort ; il faut rester dans le vrai et laisser à votre fiancé le plaisir de vous offrir des souvenirs durables de votre mariage. Plus tard vous serez heureuse de les posséder ; ils vous rappelleront votre jeunesse.

— Madame a raison et je crois que nous

pourrons suffire à tout sans dépenser entièrement nos 1,300 fr.

— C'est mon opinion ; aussi, au lieu de vous aider dans vos dépenses, nous avons l'intention, mon mari et moi, de vous offrir une montre en or et deux couverts en argent, au chiffre de votre mari et au vôtre.

Julie, émue et joyeuse, s'écria :

— Oh ! Madame, comment vous remercier de votre générosité et de vos bons conseils.

— Par votre bonheur, ma bien chère enfant ; car votre choix est bon et, si vous savez tout sacrifier au devoir, vous ne serez jamais complètement malheureuse. Allons, ajouta-t-elle affectueusement, en voyant que l'émotion de la jeune fille allait jusqu'aux larmes, amenez-moi bien vite votre remplaçante pour ne plus vous occuper que du trousseau. Venez m'embrasser, mon enfant, désormais vous n'êtes plus ma femme de chambre, mais une jeune amie que je suis heureuse d'aider de mon expérience.

Julie se jeta dans les bras de sa maîtresse, qui l'embrassa avec émotion. La jeune fille ne voulant pas, de nouveau, céder à la sienne, sortit du salon et alla remplir une dernière fois les obligations de son service.

———

INSTALLATION.

Six semaines après cet entretien de madame Espinget avec sa femme de chambre, les nouveaux mariés étaient établis dans la maisonnette qu'ils avaient louée dans le faubourg le plus rapproché de l'imprimerie de monsieur Vermansin.

Cette toute petite maison, composée de deux pièces et d'un grenier, ouvrait sur un jardinet dont les murs étaient garnis d'arbres à fruits.

Les plates-bandes, où s'épanouissaient des fleurs d'automne, étaient bordées d'oseille et de quelques autres plantes potagères, qui coûtent fort cher dans les grandes villes et obligent à sortir pour se les procurer.

Une glycine, aux fleurs violettes, enguirlandait la porte du jardin, en se mélangeant aux calices éclatants du bignonia.

Deux vignes, l'une de muscat gris violet, l'autre de chasselas blanc, s'entrelaçaient sur la façade de la maison. Toutes deux, exposées constamment aux rayons du soleil, étaient couvertes de belles grappes d'un violet foncé et d'un jaune doré.

Le milieu de ce petit morceau de terre de 50 mètres était divisé en huit carrés : le premier contenait des oignons ; le deuxième des carottes ; le troisième des navets ; le quatrième des choux ; le cinquième et le sixième des pommes de terre ; le septième avait fourni une récolte de pois verts et le huitième des haricots.

Henri, qui aimait beaucoup le jardinage et qui sortait de l'atelier à six heures du soir, se promettait bien de cultiver « ses terres » comme il appelait, en riant, son jardinet.

Monsieur Espinget avait découvert ce joli logement, bien préférable à une mansarde dans les vieilles maisons des quartiers populeux des grandes cités, véritables casernes où chacun se coudoie et souffre des vices et des défauts de ses voisins.

Cependant le prix du loyer de cette habitation n'était pas plus élevé que celui de la plupart des taudis où se logent les classes laborieuses de nos villes.

L'intérieur du logis est gai et confortable, grâce au bon goût de Julie, aux nombreux présents qu'elle a reçus et aux conseils de madame Espinget.

La plus petite pièce, qui sert de cuisine, est meublée d'un buffet de bois blanc, d'une table semblable et de deux chaises communes.

Un fourneau au charbon de terre, de grandeur moyenne, est placé près de la cheminée. Les ustensiles sont peu nombreux, mais les casseroles sont si brillantes, tout est si bien rangé, qu'on a plaisir à regarder cette petite chambre.

Dans la seconde pièce, qui communique avec la cuisine, mais dont une des portes donne sur le jardin, un lit en noyer, drapé de rideaux de perse à fleurs rouges, sur fond blanc et devant lequel s'étend un joli tapis, occupe un des coins. Une commode, semblable au lit, supporte une lampe en porcelaine peinte, le coffret à ouvrage de la jeune femme et quelques autres menus objets, lesquels, ainsi que la pendule, les flambeaux et les vases qui ornent la cheminée, ont été offerts au jeune ménage comme cadeaux de noces.

La fenêtre est tendue de grands rideaux semblables à ceux du lit et de rideaux de vitrage, en mousseline très claire, afin de diminuer le moins possible la clarté du jour. Dans l'embrasure de cette croisée, les outils de relieur d'Henri et la machine à coudre de Julie, ce dernier objet présent de madame Vermansin, attendent les jeunes travailleurs.

Six chaises de noyer foncées en paille, une armoire aux ferrures étincelantes, complètent, avec une table carrée, recouverte d'un tapis, l'ameublement de la chambre à coucher.

Sur la table, la sœur de monsieur Espinget a placé tout ce qu'il faut pour écrire ; quelques livres bien choisis pour les lectures du dimanche et un agenda destiné à inscrire les sommes gagnées et dépensées par le nouveau ménage.

Marié depuis trois jours, Henri a déjà repris son travail ; mais le soir où nous le retrouvons, son patron lui a permis de sortir de l'atelier plus tôt que de coutume et il se promène, avec enthousiasme, dans son jardinet, en faisant mille projets de culture.

— Il fera jour pendant au moins une heure, dit Julie, en accourant vers son mari, si tu voulais, nous ferions nos comptes.

— Je le veux bien, ma petite femme, apporte du papier, de l'encre et notre bourse.

— Pas ici, dit-elle en riant ; il y a tout ce qu'il faut dans notre chambre.

Ils rentrèrent dans la maison et s'assirent devant la table sur laquelle Julie avait placé, avec l'agenda, le petit coffret où, jeune fille, elle serrait le prix de son travail.

— Voyons d'abord, dit Henri, en ouvrant l'agenda et prenant sa plume, ce que nous coûte notre installation. Les meubles, dont mon père, si bon envers nous, ne nous a fait payer que les matériaux, 219 fr. 50 c. Je crois que je ne me trompe pas?

Lit...............................	50 f	»
Armoire	40	»
Table carrée.................	10	»
d° de nuit................	10	»
Commode	60	»
Buffet	15	»
6 chaises à 4 fr. l'une........	24	»
Table de cuisine..............	6	»
2 chaises en bois blanc foncées de jonc.........................	4	50
Total......	219 f	50

— Oui, dit Julie, qui lisait en même temps que son mari écrivait, c'est bien cela. La garniture du lit, maintenant :

Sommier........................	40 f	»
Matelas........................	60	»
2 oreillers à 10 fr. l'un........	20	»
1 traversin....................	10	»
1 couverture de laine..........	15	»
1 do de coton..........	9	»
40 mètres de perse à 1 fr. pour les rideaux du lit, ceux de la fenêtre et la courte-pointe................	40	»
5 mètres mousseline à 0 fr. 40 c. pour les rideaux de vitrage........	2	»
Total......	196 f	»

— Et le linge, Julie ?

— En voici le compte détaillé, que j'avais fait avec madame Espinget : 108 fr.

— Et le mobilier de la cuisine ?

— Nous avons compté la table et les chaises.

— Oui, il ne reste à marquer que le fourneau et les menus objets ; appelle sur les factures :

Pots et cuvette faïence, ensemble.	3	25
Filtre à café................	1	50
1 casserole en cuivre..........	5	»
1 d° en fonte............	1	75
1 marmite d°	3	25
1 petite casserole en fer battu..	»	50
1 d° plus grande..	»	75
1 pot pour le lait............	»	40
1 d° pour le bouillon........	»	60
1 plat faïence brune et blanche.	»	90
1 d° creux......	1	»
1 buard en grès..............	»	90
2 seaux en bois, à 1 fr. 50 c...	3	»
2 cuillers en bois, ensemble....	»	25
6 d° en métal, à 0 fr. 50 c.	3	»
6 fourchettes en métal, à 0 fr. 50 c.	3	»
2 fers à repasser, à 1 fr. 50 c..	3	»
2 grandes terrines pour laver le linge, à 1 fr. 25 c................	2	50
6 assiettes creuses en faïence, à 0 fr. 20 c,....................	1	20
A reporter....	35	75

Report.....	35 f	75
6 assiettes plates en faïence, à 0 fr. 20 c..................	1	20
6 verres, à 0 fr. 20 c.........	1	20
1 poêle à frire en tôle.........	1	50
1 balai de bruyère............	1	»
1 d° en crin..............	2	75
1 balayette, 1 plumeau........	1	85
Total......	45 f	25

— Est-ce bien tout ?

— Je crois que oui. Oh ! mais non ; tu n'as pas inscrit mes deux robes, ni le tapis du lit, ni celui de la table ?

— Combien ?

100 fr. les deux robes, 10 fr. le tapis du lit et 5 fr. celui de la table.

Meubles...................	219 f	50
Literie....................	154	»
Rideaux	42	»
Linge	108	»
A reporter......	523	50

Report.....	523 ⨍	50
Fourneau..................	40	»
Vaisselle, batterie de cuisine, balais.................	45	25
Tapis du lit...............	10	»
d° de la table............	5	»
Robe de noces.............	50	»
d° noire	50	»
Total......	723 ⨍	75

— Mon Dieu ! Henri, que d'argent, et ce n'est pas tout encore, je le parie...

— Pas tout à fait, dit en souriant le jeune mari.

— Quoi donc encore ? Oh ! j'y suis, poursuivit-elle en rougissant. Tu n'as pas compté le châle et les bijoux, beaucoup trop beaux, que tu m'as donnés.

— C'est l'usage, et puis, ajouta-t-il, il faut bien que tu aies des souvenirs d'un aussi beau jour, que celui de notre mariage ; d'ailleurs, je pouvais bien, sans trop écorner ma réserve, dépenser 150 fr. pour les cadeaux ; d'autant plus que, comme tu le sais bien, mon père m'a donné mes habits de noces.

— Ajoute donc alors mon châle et mes dorures :

2 alliances à 12 fr.............	24 f	»
1 bague avec pierre...........	15	»
Boucles d'oreilles.............	30	»
Broche......................	20	»
Châle	60	»
Total......	149 f	»

Ajoutons cette somme aux 723 fr. 75 c., cela nous fait 872 fr. 75 c. Nous avions, entre nous deux, à la Caisse d'épargne, 1,300 fr.; nous avons dépensé 872 fr. 75 c., il nous reste donc 427 fr. 25 c.

— En comptant ce qui nous reste, nous verrons bien si nos chiffres sont justes, puisque tout est payé, et que, depuis nos noces, nous avons toujours pris nos repas chez nos parents ou chez des amis ; et, tout en parlant, Henri étalait sur la table quelques pièces d'or et Julie comptait des pièces blanches et de la monnaie.

— Nous n'avons que 419 fr. 60 c., dirent-ils ensemble, comment cela se fait-il?

— Nous avons mal compté, sans doute. Recommençons.

Ils recommencèrent, à plusieurs reprises, sans pouvoir trouver le compte juste.

— Il nous manque 8 fr. 15 c., reprit Henri qui avait conservé sa plume à la main. A quoi les avons-nous dépensés? Nous avons sans doute oublié quelque chose.

Ils restèrent silencieux durant quelques minutes, réfléchissant à l'emploi de cet argent!

— J'y suis, s'écria Julie en dirigeant ses regards vers la cheminée. Tu vois cette boîte auprès des flambeaux, ce sont nos gants qui n'ont pas été marqués. Écris donc : 2 paires à 3 fr.

— Cela ne fait que 6 fr., répliqua Henri d'un air contrarié. Attends donc un peu... J'ai eu quelques menus frais à payer le jour de nos noces; je parie que ce sont ces petites dépenses qui nous empêchent de trouver notre compte. Il me sera difficile de me les rappeler exactement.

— C'est ennuyeux, dit la jeune femme.

— Je vais les écrire comme menues dépenses.

— Oui, mais c'est ennuyeux, répéta Julie; il faudra faire bien attention à ce que nous dépenserons et tout écrire à mesure, centime par centime.

— Cela vaudra mieux, en effet. Enfin il nous reste 427 fr. 25 c. que nous allons remettre au plus tôt à la Caisse d'épargne.

— Certainement, mon ami. Et encore ce n'est guère, si nous allions être malades.

— Rassure-toi à ce sujet, ma chère petite femme. Je continuerai à faire partie de la société de secours mutuels et, en cas de maladie de l'un de nous, je recevrais une indemnité de 1 fr. 50 c. par jour et les soins gratuits d'un médecin, même si la maladie durait trois mois; les secours, cependant, ne sont accordés que dans une mesure plus restreinte pour la femme et les enfants.

— Et cela coûte?

— 2 fr. par mois; mais c'est une dépense indispensable, de même que l'assurance contre l'incendie qui sera, je pense, d'environ 2 fr. par an et 4 fr. pour la première année à cause du papier de l'assurance, c'est-à-dire de la police; une fois la première année payée, cette assurance nous coûtera tout au plus 0 fr. 20 c. par mois. Voyons maintenant comment nous vivrons.

— Madame Espinget m'a bien recommandé de ne jamais acheter à crédit, de nous priver plutôt. Nos parents, les tiens comme les miens, n'ont jamais fait de dettes, tu le sais, Henri, et c'est ce qui nous a permis, à tous les deux, de faire quelques économies.

— Tu as raison, ma brave petite femme, toujours raison; mais il nous faut discuter notre budget, comme on dit à la Chambre.

— Je gagne régulièrement 4 fr. par jour et j'apporte assez souvent à la maison quelques travaux à la pièce qui peuvent me rapporter de 25 à 30 fr. par mois.

— Et moi, je pourrai gagner facilement, avec mon aiguille, 1 fr. par jour. Mais toi, comme moi, nous ne travaillerons pas le dimanche, cela ne fait donc que 25 jours par mois. Tes 4 fr. nous donneront?...

— 100 fr., et le prix de ton travail monterait à 25 fr.; mais il ne faut pas oublier que le mois est composé de 30 jours et que nous n'avons, comme tu le dis fort bien, ma petite femme, que 25 jours de gain. Il faut donc partager nos 125 fr. par 30, ce qui ne nous fait que 4 fr. 16 c. 1/2 par jour.

— Et les mois de 31 jours, Henri. Il y en a sept, sais-tu ?

— Hélas, oui ; mais les 16 c. 1/2, en plus des 4 fr. nous laisseront, par an, de quoi parer à ces sept jours que le commissionnaire de l'atelier appelle « les jours sans pain ; » mais revenons à nos calculs.

— Notre loyer est de 120 fr., ce qui, avec les assurances, les petites réparations probables et les graines pour le jardin, nous forme un loyer de 0 fr. 40 c. par jour.

— Et la nourriture? elle coûte horriblement cher dans notre ville, me disait la cuisinière de madame Espinget.

— Crois-tu que tu pourras nous faire vivre avec 2 fr. par jour?

— Il le faudra bien.

— Ton fourneau est assez grand, mais le foyer est petit et il dépensera, au plus, 0 fr. 25 c. par jour. L'éclairage au pétrole environ 0 fr. 15 c. par jour, pendant l'hiver, m'a appris mon père, ce qui donne une moyenne de 0 fr. 07 c. Voilà donc le loyer, la nourriture, le chauffage et l'éclairage assurés pour 2 fr. 80 c. par jour, au plus; mettons 3 fr. pour ne pas faire de comptes joyeux, comme dit le caissier de l'imprimerie.

— Quant au blanchissage et au repassage, dont tu n'as pas parlé, je les ferai moi-même et ils ne reviendront pas à plus de 2 fr. par mois.

— 3 fr. par jour pour 30 jours, cela fait 90 fr.; 2 fr. de blanchissage et de repassage et 2 fr. pour ma société de secours mutuels, cela fait 94 fr. et le reste en dépenses oubliées ou imprévues, voilà nos 100 fr.

— Mon cher Henri, tu ne penses pas au produit de tes suppléments. Nous pourrons donc mettre au moins 20 fr. par mois à la Caisse d'épargne; c'est peu, mais enfin c'est toujours cela.

— Mais, ma pauvre femme, nous serons donc privés de vêtements et de toute distraction.

— Oh! oui, c'est vrai; mais tu ne sais pas, voilà ce qu'il faut faire: quand tu auras gagné quelque chose de plus dans ton mois, tu l'ajouteras à l'argent de mon travail; nous en mettrons la moitié dans une tire-lire et, avec l'autre moitié, on s'habillera et on s'amusera convenablement. Qu'en penses-tu?

— Je pense, ma chère Julie, que tu es une intelligente et courageuse petite femme, aussi jolie que bonne et que j'ai fameusement bien fait de t'épouser.

LA JEUNE MÉNAGÈRE

Le lendemain de cette causerie intime, il n'était guère que cinq heures, il faisait à peine jour et déjà Julie était en train de préparer le déjeuner du jeune ménage, lequel, d'après le conseil de madame Espinget, consistait simplement dans une soupe au lait.

Ce repas, pris joyeusement dans de jolis bols en porcelaine peinte, cadeau de la cuisinière avec qui servait Julie, les nouveaux époux se séparèrent: Henri sortit pour se rendre à son atelier où il devait entrer à six heures et Julie commença aussitôt à mettre sa maison en ordre.

Après avoir rangé la cuisine, elle s'occupa

de son lit. En secouant les matelas et drapant soigneusement les draps et les couvertures, elle songe au repas de midi et à l'emploi des 2 fr. qui doivent lui suffire pour la nourriture journalière.

J'ai dépensé 0 fr. 15 c. de lait ce matin et 0 fr. 10 c. de pain. Déjà 0 fr. 25 c., et encore qui sait si mon mari s'arrangera longtemps de ce déjeuner économique, mais pourtant sain et nourrissant, m'a dit madame Espinget. Que mettrai-je pour dîner?

Elle s'arrêta appuyée sur son balai.

— J'y suis, une bonne soupe aux choux et deux côtelettes de mouton. Henri les aime beaucoup et ce ne doit pas être bien cher.

Elle donna quelques coups de balai et s'arrêta de nouveau.

— Est-ce que nous aurons assez? Il me semble que nous avions autre chose, beaucoup d'autres choses à la cuisine quand j'étais chez madame Espinget. Enfin nous verrons cela quand j'aurai fait ma toilette.

La jeune femme s'empressa de terminer ses nettoyages et quand la maison fut propre et en ordre, elle s'habilla fort simplement, mais avec le plus grand soin, prit un panier et alla aux provisions.

Elle revint enchantée de ses emplettes qu'elle avait faites selon ses projets et auxquelles elle avait ajouté 0 fr. 10 c. de noix fraîches dans le désir d'être agréable à son mari.

Après avoir attaché un tablier de cuisine par-dessus son grand tablier de cotonnade, Julie dressa son feu selon les instructions du marchand de fourneaux.

Quand l'eau contenue dans la marmite placée sur le feu s'éleva à gros bouillons, elle y mit la pomme du chou coupée en quatre et les grandes feuilles hachées grossièrement afin que rien ne fût perdu ; puis, à moitié de la cuisson, elle ajouta du beurre et du sel, selon son goût.

Comme notre gentille ménagère ne veut pas que ses choux deviennent jaunes et que le bouillon soit âcre, elle a laissé la marmite découverte et bientôt les légumes, d'un beau vert, s'élèvent au milieu du réjouissant bouillonnement de l'eau.

Pendant la cuisson de la soupe, les côtelettes, salées et poivrées, ont été mises au four avec du beurre et deux cuillerées d'eau, dans un plat de faïence, brune en dehors et blanche à l'intérieur ([1]), afin d'éviter le mauvais goût que donne parfois le fer battu.

Madame Bernard avait rempli, à moitié, la soupière de tranches de pain rassis très minces et quand Henri arriva, elle versa, sur le pain préparé, le bouillon *très bouillant* à travers une passoire, ajouta une forte cuillerée de choux, puis elle glissa le reste sous les côtelettes.

Tout est prêt : elle court au-devant de son mari qui lui rend, avec tendresse, ses embrassements et jette un cri d'admiration à la vue de la soupière, à fleurs rouges, qui paraît si

---

([1]) *Ces plats résistent parfaitement à la chaleur du four.*

jolie sur la nappe blanche dont la table de la cuisine est recouverte.

Le jeune relieur dîne avec le plus joyeux appétit, Julie l'imite et il ne reste rien du repas, pas même une noix !

En remettant en ordre, après le départ d'Henri, elle fait ses comptes et constate, avec stupeur, que ses 2 fr. sont entièrement dépensés.

— Et le souper ! Comment faire pour le souper ? J'ai de l'argent, puisqu'Henri m'a remis celui de sa dernière paye dont il n'avait pas parlé dans mes comptes, mais je ne veux pas y toucher. Moi qui voulais économiser 0 fr. 10 c. par jour pour lui donner du café le dimanche et un beau cadeau à sa fête. J'étais bien sûre que je ne saurais pas me tirer d'affaire.

Elle s'assit toute désappointée à sa table à ouvrage et, en tirant habilement l'aiguille à travers la toile, car elle avait du linge à faire pour madame Vermansin, elle calculait encore ses dépenses du matin.

Malgré sa contrariété la jeune ouvrière travaillait avec ardeur, lorsqu'un coup léger, frappé à la porte du jardin, la fit tressaillir.

Elle courut ouvrir et jeta un cri de joie en reconnaissant madame Espinget.

— Oh ! bonjour, Madame, c'est le ciel qui vous envoie. J'ai si grand besoin de vos conseils.

— Qu'y a-t-il donc, ma chère enfant ?

Julie raconta l'histoire de ses 2 fr.

— Voulez-vous lire mon compte, Madame, vous verrez que je n'ai cependant pas dépensé l'argent mal à propos ; et mes 2 fr. sont finis !...

Elle présenta à son ancienne maîtresse une feuille de papier sur laquelle elle avait inscrit, au crayon, les objets achetés le matin :

Pain, 1 kilogr. 500 gr............	»	60
Lait	»	25
Beurre	»	40
Côtelettes......................	1	»
A reporter.....	2	25

Report.....	2ᶠ	25
Poivre et sel.................	»	10
Choux	»	15
Total......	2ᶠ	50

— Vous avez même dépensé 0 fr. 50 c. de plus, dit madame Espinget, en faisant l'addition. Ne vous désolez pas, votre inexpérience n'aura pas de suites bien graves. Tous ces achats étaient indispensables, sauf les noix. Il vaut mieux ne servir que le dimanche les aliments agréables, lesquels, même quand ils sont d'un prix peu élevé, augmentent sensiblement la dépense sans grand profit. Les côtelettes coûtent fort cher; il faut mieux choisir une autre partie du mouton.

— J'aime bien mieux les noix que la viande, dit Julie.

— C'est possible ; mais tant que vos ressources seront suffisantes, je ne vous conseille pas de vous abstenir entièrement de viande. Dans les grandes villes, l'air n'est pas assez pur pour suppléer à la qualité de la nourriture.

— Oui, je le comprends ; mais j'ai dépensé beaucoup trop aujourd'hui et mon souper n'est pas acheté.

— Ne vous désolez donc pas ainsi, ma chère Julie ; avec un peu d'expérience vous arriverez à ne pas dépasser la somme fixée. N'achetez plus vos provisions chez les petits marchands. Prenez le beurre, les œufs, les légumes et les fruits au marché où vendent les gens de la campagne. Vous paierez ces denrées moins cher et la différence vous permettra de donner à votre mari de la bière ou du vin, si cela lui est agréable. Quant à vous, ma chère enfant, je vous engage à ne pas perdre votre bonne habitude de ne boire que de l'eau.

— Tout le monde dit que cette habitude me rendra malade.

— Julie, vous connaissez l'amiral B..., vous avez souvent introduit, dans mon salon, ce vieil ami de ma famille. Il vient d'atteindre sa quatre-vingt-neuvième année, et malgré les fatigues et même les souffrances de sa longue carrière, il n'a jamais bu que de l'eau pure. Plusieurs membres de sa famille ont suivi son exemple et sont arrivés, sans maladie grave, à un âge très avancé.

— Il est certain, Madame, que Monsieur l'amiral a une santé merveilleuse pour son âge.

— Soyez certaine, mon enfant, que c'est sa sobriété qui la lui a conservée ainsi. De bonne eau, bien filtrée, est préférable au vin à bon marché dont les ouvriers font usage.

— Je vous crois, Madame, car vous ne m'avez jamais trompée. Je continuerai donc à ne boire que de l'eau. Et mon mari ?

— Nous traiterons plus tard cette question ; revenons à vos embarras présents. Si votre mari aime le poisson, vous pourriez acheter demain un morceau de morue de 0 fr. 25 c., servi avec des pommes de terre à l'eau et une sauce blanche. La soupe pourrait être au riz et à l'oseille, ce qui est fort avantageux, car ce potage ne demande que très peu de beurre. Le soir, après une soupe à l'oignon, vous terminerez votre souper avec du fromage de gruyère qui est fort nourrissant.

— Je ne saurai pas comment apprêter ces potages, ni même la morue.

— C'est juste : j'ajouterai un petit cahier à celui que je vous ai déjà donné, celui-ci contiendra quelques recettes de cuisine fort simples ; cela vous aidera.

— Merci, Madame. Mais tout cela coûtera fort cher.

— Non, mon enfant, car le dîner dont je vous parlais pour demain n'arrivera certainement pas à 2 fr.

— Tant mieux ; mais le souper d'aujourd'hui, vous l'oubliez, Madame, le souper de ce soir ?

— Non, je ne l'oublie pas : avec 0 fr. 15 c. ou 0 fr. 20 c. de haricots verts vous aurez de la soupe et un plat qui suffiront bien pour le repas du soir.

— J'aurai tout de même dépensé 0 fr. 50 c. de trop ce matin.

— Ne vous affligez pas ainsi, ma chère petite ménagère. C'est demain jour de marché, si vous le voulez, j'irai avec vous. Je vous apprendrai à reconnaître la bonne qualité du beurre et des œufs et vous achèterez ce qui vous sera nécessaire pour une quinzaine de jours. Dans quelques semaines les vendanges seront terminées, il sera temps alors de faire votre provision de beurre pour la cuisine. Vous trouverez, dans le petit cahier, la manière de le préparer pour qu'il se conserve durant tout l'hiver. Si votre mari y consent, je vous engage à mettre 20 fr. de moins à la Caisse d'épargne ; vous en emploierez une partie à acheter une petite provision d'épiceries. Dans un grand magasin, elles vous coûteront un prix moins élevé et vous les aurez ainsi sous la main lorsqu'elles vous seront nécessaires. A demain matin donc, ma chère Julie, venez me prendre à huit heures, je serai prête à vous accompagner.

— Merci, Madame.

Julie salua, referma doucement la porte et reprit son aiguille en réfléchissant à l'emploi de l'argent que lui confiait son mari.

Le lendemain elle fit ses provisions avec l'aide de madame Espinget. Au retour, elle suspendit sa viande dans le garde-manger, placé dans le petit cellier qui avoisinait sa cuisine et mit le beurre dans des pots de grès afin d'en conserver la fraîcheur le plus longtemps possible.

Les carottes et les navets furent enterrés dans du sable ; les épiceries et les œufs soigneusement rangés dans le buffet.

Cela fait, elle songea à préparer le repas de midi. Elle mit dans une casserole 500 grammes de poitrine de veau, avec des oignons, des navets, des carottes, deux pommes de terre, un peu de thym et de persil et la couenne du petit rôti de lard qu'elle venait de mettre au four. Elle couvrit soigneusement en ajoutant du poivre et du sel.

Le rôti était destiné à être emporté le lendemain pour dîner à la campagne.

Bientôt, le contenu de la casserole commença à bouillir. Julie la repoussa un peu et mit à la place, sur la première rondelle du fourneau, la marmite remplie de l'eau qui devait servir à préparer la soupe aux choux pour le repas de midi, car elle ne voulait mettre le pot-au-feu que le lundi.

Quand son mari arriva et que la soupe fut trempée, la jeune femme retira les deux tiers de son veau dans une assiette et servit l'autre morceau, entouré de légumes et d'une excellente sauce, ce qui leur composa un dîner très confortable.

Elle sortit du four le rôti de lard, le mit à refroidir et versa la sauce dans une tasse, afin qu'elle lui servît le surlendemain à réchauffer les restes du veau.

Le soir, une soupe à l'oignon et des œufs suffirent pour le souper.

Le lendemain, qui était un dimanche, Julie fut encore plus matinale que de coutume. Aussitôt levée elle alla s'acquitter de ses devoirs religieux. A huit heures, après avoir savouré l'excellent café du déjeuner, les jeunes époux fermèrent soigneusement portes et fenêtres et, en fraîche toilette, au bras l'un de l'autre, ils s'éloignèrent rapidement de la ville.

Après une heure et demie de marche, ils arrivèrent sur le bord d'une petite rivière, et s'installant sur le gazon, à l'ombre d'un grand saule, ils se mirent à lire un volume du *Magasin pittoresque,* que leur avait prêté madame Vermansin.

— Il me semble, dit tout à coup Henri, que je dînerais volontiers. J'ai une faim de loup.

— Moi aussi, j'ai bien faim, répondit Julie, en ouvrant le panier qu'ils avaient apporté, et elle étendit une serviette entre elle et son mari.

Le rôti de lard, placé dans une cassette en

papier, faisait vraiment bonne figure, à côté du petit pot de beurre, des noix fraîches et de la bouteille de bière.

Le repas fut pris joyeusement et terminé avec la même gaîté; les restes furent soigneusement remis dans le panier et les jeunes mariés parcoururent, en tous sens, le joli vallon où ils s'étaient reposés.

Ils y firent une abondante cueillette de mûres des bois et de prunelles. Ils récoltèrent aussi de la guimauve, de la menthe pour leur pharmacie et quelques jolies herbes que Julie voulait faire sécher à l'ombre pour en garnir les vases placés sur la cheminée de sa chambre.

En reprenant le chemin de la ville, car le soleil commençait à disparaître, ils trouvèrent du cresson d'eau.

— Du cresson ! s'écria Julie. Cueilles-en, je t'en prie, mon cher Henri, ce cresson nous fera une excellente salade pour demain.

Henri se déchaussa et fit une ample récolte

de cette herbe, si salutaire pour les gencives et pour la santé en général.

Il était nuit close lorsqu'ils rentrèrent à la ville, le corps un peu las, mais l'esprit reposé et le cœur content.

— Que vas-tu nous donner pour souper, ma petite femme, furent les premières paroles d'Henri, en entrant dans la maison ? Est-ce que tu vas allumer du feu ? Nous avons cependant bien chaud.

— Veux-tu prendre du thé, Henri ? j'allumerai la lampe à alcool que m'a donnée mademoiselle Vermansin. L'eau sera très vite bouillante et nous prendrons une bonne tasse de thé, avec du pain, du beurre et du fromage ; tout comme madame Vermansin, dont c'est, chaque soir, le souper.

— Essayons, répliqua Henri, sans enthousiasme.

Julie, qui avait souvent pris du thé chez madame Espinget, où on le servait chaque soir, s'empressa d'en mettre une pincée dans la jolie théière, qui lui avait été offerte avec la casserole, et un litre d'alcool. Elle versa dessus, quelques minutes plus tard, de l'eau très bouillante. Le thé fut bientôt prêt, et la théière posée sur la table, en compagnie du pain, du beurre et des deux bols qui servaient pour le premier déjeuner.

Henri trouva d'abord le thé un peu fade et prétendit qu'un verre d'eau, de bière, ou de vin, calmerait bien mieux sa soif et surtout le refroidirait plus promptement.

— Trop, peut-être, répondit Julie avec bonne humeur ; nous pourrons essayer un autre dimanche ; en attendant, le thé est prêt ; il faut le boire.

Après avoir absorbé deux ou trois tasses de thé et un énorme morceau de pain et de fromage, Henri s'étonna d'être parfaitement désaltéré et même rafraîchi et reposé.

— Et sans dépenser beaucoup, exclama Julie ; mais c'est bon pour le dimanche, c'est comme le café de ce matin.

Le mois se passa fort bien, la jeune ménagère réussit à ne pas dépenser pour la nourriture, plus de 58 fr. et quelques centimes et son mari avait été très satisfait de tous ses repas.

Ce résultat fut doublement heureux, car Henri n'avait eu que fort peu de travail supplémentaire et Julie n'avait pu gagner plus de 20 fr.

Les mois qui suivirent furent aussi satisfaisants comme dépenses, et beaucoup plus comme gains ; heureusement, car la jeune femme avait l'espoir d'être mère, et il fallait acheter et confectionner la layette.

L'hiver était venu et, avec lui, son cortège de pluie et de frimas ; mais Julie avait acheté son charbon par hectolitre ; et la différence du prix, avec l'achat au détail, permettait au jeune ménage d'avoir un peu de feu, le soir, dans la coquille de la cheminée de leur chambre.

La nouvelle maîtresse de maison savait parfaitement dresser ce feu avec des rognures de papier, ou de bois, sur lesquelles elle plaçait quelques branchettes entrecroisées et recouvertes de morceaux de charbon, placés de façon que l'air circulât tout autour.

Quand le charbon était bien enflammé, la jeune ouvrière le couvrait de poussière de charbon mouillé, et une douce chaleur régnait dans l'appartement, jusqu'à l'heure du coucher, sans qu'il fût nécessaire d'ajouter du charbon.

Le lendemain, le résidu, tamisé et mouillé, alimentait, en grande partie, le fourneau de la cuisine; la dépense était donc bien légère et permettait à nos jeunes amis de prolonger, sans souffrance, leur veillée laborieuse; cependant ils ne se couchaient que fort rarement après dix heures; mais ils étaient toujours levés à cinq heures, afin qu'Henri, qui n'entrait en atelier qu'à six, eût le temps de prendre un déjeuner bien chaud.

Julie qui, durant la belle saison, ne mettait

le pot au feu que le lundi, comme nous l'avons déjà dit, le faisait dans l'hiver le dimanche.

Dès le matin, elle mettait le bœuf bien ficelé dans sa marmite et elle ajoutait les légumes quand le bouillon était en pleine ébullition.

A midi la soupe pouvait être trempée ; elle y joignait quelques-uns des légumes contenus dans le pot de fonte, retirait le petit morceau de lard qu'elle avait ajouté au bœuf et remplaçait le bouillon qu'elle avait enlevé, par de l'eau *très bouillante* et par une boule de fer-blanc remplie de riz bien lavé.

La soupe et le lard, avec le chou qu'elle avait également retiré, faisaient un excellent repas avant la promenade de l'après-midi.

Avant de sortir, la jeune femme recouvrait le feu de cendre mouillée, mélangée à de la poussière de charbon : elle pouvait ainsi quitter son fourneau avec tranquillité et, lorsque l'heureux ménage rentrait à l'heure du souper, Julie ouvrait la boule, jetait dans la soupière le riz parfaitement cuit, y ajoutait la quantité de bouillon nécessaire et les deux époux, l'appétit excité par leur promenade, dévoraient cet excellent potage, lequel, joint à un très petit morceau de bœuf bouilli, constituait un bon souper, sans fatigue pour la jeune femme, ni ennui pour son mari.

Le lendemain, elle remettait la marmite au feu, une demi-heure avant le retour d'Henri.

Cette fois le bouillon, dans lequel le reste des légumes avait été réchauffé, était versé bouillant sur des tranches de pain et composait un troisième potage.

Le diner s'achevait avec le dernier morceau de bœuf et une petite salade.

Tout était si bien rangé dans la maison, si élégant même ; le dimanche, la toilette des deux époux était si fraîche, de si bon goût, qu'ils étaient souvent en butte à la moquerie et même à la malveillance.

— Nous verrons combien de temps ça durera cette belle vie de riche, disaient les commères. Ça veut manger comme les patrons, ça veut avoir un jardin et de beaux habits. Ils mangent tout leur saint-frusquin, pardienne ! et après on verra bien. Ils iront, comme les autres, au Bureau de bienfaisance.

— Faut voir venir les enfants, criait, plus haut que les autres, une voisine, femme d'un chaudronnier employé dans de grands chantiers de construction de navires.

A cet instant, le jeune couple, qui profitait de l'après-midi d'un dimanche pluvieux pour aller voir le Musée de tableaux, sortait de la maisonnette ; Julie, bien couverte d'un waterproof, les mains chaudement gantées, abritait le mieux possible, sous son parapluie, sa capote de satin vert foncé.

Henri, lui aussi, avait un bon manteau en caoutchouc. Un chapeau de feutre brun, de gros souliers et un grand parapluie d'alpaga complétaient sa toilette d'hiver.

Ils étaient obligés de passer devant la maison de la femme du chaudronnier. Celle-ci, qui repoussait, avec un vieux balai, l'eau et les détritus accumulés devant sa porte, cria, d'une voix hurlante, à une proche voisine :

— Si ça ne met pas le feu sur la peau de voir des ouvriers comme nous, habillés comme des richards !... Dès ce matin, Madame, en faisant son dîner, avait un livre à la main ; déjà en grande toilette ! Jamais ça ne travaille le dimanche, tas de feignants, va... Et moi, qu'ai censé pas d'enfants, puisque ma vieille bonne femme de mère me les garde pour rien, je peux pas tant seulement m'acheter une robe. J'ai que des mauvais sabots dans les pieds et pourtant mon mari gagne, au moins, 7 fr. par jour. J'avons pas de chance, nous !...

La voisine répliqua, et, pendant une demi-heure, malgré la pluie froide qui tombait abondamment, ce fut un feu roulant de jugements malveillants sur les petits Bernard, comme on les appelait dans le voisinage.

Quelques jours après cette scène, qui était restée inconnue à nos jeunes amis, Victorine

Costel, la femme du chaudronnier, ouvrit brusquement la porte de la maison de Julie en demandant :

— Est-il permis d'entrer ?

— Entrez, répondit Julie, assise près de la fenêtre, son ouvrage à la main et semblant fort contrariée, car elle avait reconnu la voix de Victorine, qui ne venait jamais chez elle que pour lui demander quelque chose.

— Bonjour, ma voisine, cria-t-elle en entrant. Eh ben ! en v'là une dame, qu'est à broder pendant que nous geignons tout le long du jour ! Dites-donc, vous ne pourriez pas me prêter des oignons ?

— Avec plaisir, répondit Julie, sans interrompre son travail ; mais je n'en ai que fort peu à votre disposition.

— Ça vous plaît à dire. — Enfin, donnez-moi ce que vous avez.

La jeune brodeuse se leva, sans mot dire, et prenant quelques oignons dans le panier suspendu au-dessus de la porte de la cuisine, elle les présenta à Victorine.

— Merci, dit celle-ci, en mettant ces légumes dans une des poches de son tablier sale. Mais c'est pas tout ça, continua-t-elle en s'asseyant sans y être invitée, et en étendant ses grosses mains noires sur ses genoux : comment que vous faites, vous ? Votre homme gagne pas tant que le mien, qui travaille fêtes et dimanches, excepté le lundi, et qui touche des quinzaines qui ne sont pas loin de 100 fr., et pourtant nous sommes toujours sans le sou. Vous avez un secret, ben sûr !

— Je n'ai pas de secret, répliqua tranquillement Julie, mais nous ne faisons jamais de dépenses inutiles.

— Vous vivez pourtant comme des bourgeois, on le sait ben, allez... Oui, on le sait ben que vous avez des rentes et puis que vous êtes soutenus par les Vermansin et les Espinget.

— Nous n'avons pas de rentes et nous ne sommes soutenus par personne, mais nous dépensons toujours un peu moins que nous ne gagnons.

— Quand on n'a pas sa suffisance, faut ben tout dépenser.

— On se prive ; comme ça on est toujours tranquille et on a goût au travail, puisqu'on ne doit rien à personne.

— Ah ! voilà, tandis que nous, quand mon homme apporte sa paye, faut donner toute la monnaie au boulanger, à l'épicier, au charbonnier et les autres ; on n'en finit pas, quoi !... et... il reste seulement pas un sou. Et puis, ce n'est pas tout ; le hic, c'est que mon homme ne m'apporte guère qu'une soixantaine de francs.

— Ce n'est pas grand'chose, répliqua Julie.

— Non, c'est pas lourd, et puis, quand on s'est ben esquinté, faut ben prendre un peu de plaisir ; on va au théâtre. Ça mange encore de l'argent.

— Oui, cela met dans la gêne.

— Oh ! ben, vous v'là, vous aussi, à crier contre le plaisir. Parce qu'on est gueux, faut donc être attaché à la chaîne, comme un forçat.

— Non, sans doute, mais il ne faut prendre pour s'amuser que l'argent et le temps qu'on a de trop.

— Si on attendait ça, on mourrait à la peine.

— Au contraire, on se porterait beaucoup mieux, car on ne serait pas tourmenté par les dettes.

— Peut-être ben que vous avez raison. Au revoir, voisine.

L'hiver se passa assez promptement, malgré le froid et la pluie. Les jours et les soirées étaient consacrés au travail ; l'après-midi du dimanche à d'honnêtes distractions, et le printemps arriva sans qu'on l'eût trop impatiemment désiré.

Un des premiers jours du mois de mai, Julie, séduite par une magnifique matinée, se hâta de terminer son travail, afin de pouvoir sortir avant l'heure de préparer le souper.

En effet, elle fut prête à trois heures. Après avoir reporté son ouvrage au magasin qui l'employait, elle alla chez une cousine de son mari, qui venait la voir assez souvent et qui avait toujours été fort aimable avec elle. Julie, très occupée, ne pouvait lui faire que de rares visites, car cette jeune femme demeurait à l'extrémité opposée de la ville.

Quoique mise selon sa position de fortune, la femme d'Henri avait un air élégant avec sa simple robe de toile à carreaux bleus et gris et son petit chapeau de paille noire, orné d'un bouquet de bleuets.

En entrant dans l'allée de la maison sombre et enfumée où sa cousine habitait une chambre au deuxième étage, elle entendit un bruit de ferraille et des accents de colère. En montant, elle distinguait la voix de la jeune femme de l'ajusteur, qui s'élevait de plus en plus.

— Joli chauffage ! En voilà une idée de mon mari d'avoir acheté ce vieux fourneau-là. J'aimais bien mieux la bonne brassée de bois qu'on jetait dans le foyer ; on avait tout de suite une belle flambée et le dîner était toujours prêt quand l'homme rentrait. Avec ce poêle, c'est une vraie scie !

Julie s'arrêta près de la porte ouverte, n'osant entrer.

Anna l'aperçut en se retournant :

— Ah ! vous voilà, cousine ! Quelle mine de princesse vous avez avec votre chapeau fleuri, votre belle robe et vos mains blanches. Vous avez toujours l'air d'une fainéante.

Avant que Julie eût pu se disculper, Anna ajouta :

— On sait bien que vous n'en avez pas la chanson, mais vous en avez l'air, et si vous étiez obligée d'avoir toujours, comme moi, les mains dans le charbon, vous n'en auriez ni l'air, ni la chanson.

La jeune ouvrière aurait pu répondre qu'il n'était pas nécessaire d'avoir les mains noires pour être travailleuse ; mais elle jugea prudent de se taire et dit affectueusement à sa parente :

— Qu'as-tu donc, ma pauvre Anna ?

— J'ai que je ne peux pas faire aller ce maudit fourneau, qui me dépense un argent fou. Voilà trois fois que je l'allume, trois fois qu'il s'éteint et quand mon homme rentrera, le plus chaud sera dans la seille.

Tout en parlant, elle remuait, avec le crochet, le charbon qui s'éteignait de plus en plus. Impatientée, elle enleva la grille et la jeta si violemment sur le carrelage, qu'elle se brisa en deux.

— Repose-toi, ma pauvre Anna, et laisse-moi essayer de te l'allumer.

— Tu ne réussiras pas mieux que moi.

— Peut-être ?

— Nous allons voir comment tu t'y prendras. Tu me rendras un fameux service, si tu réussis.

Julie ôta son chapeau, le posa sur le lit et prit un tablier sous lequel elle releva sa robe, ce qui lui permit de ramoner le poêle sans altérer la fraîcheur de sa toilette. Quand le fourneau fut bien nettoyé, elle ajusta, le mieux possible, les deux côtés de la grille, plaça pardessus, en les chiffonnant, les vieux journaux que lui tendait sa cousine, entrecroisa quelques-uns des petits morceaux de bois à demi brûlés, qui s'éparpillaient çà et là, puis elle plaça les rondelles et glissa, sous le papier, une allumette enflammée.

Bientôt un ronflement sonore annonça que le bois s'embrasait ; Julie, rouvrant le fourneau, y jeta une petite quantité de charbon concassé, de façon qu'il y eut environ 3 centimètres vides entre le charbon et le dessus du fourneau.

Quelques minutes après un feu ardent attendait la casserole du souper.

Anna, émerveillée, regardait silencieusement sa cousine qui lui semblait être une véritable fée.

— Que veux-tu mettre sur le feu, Anna ? demanda la femme d'Henri, en se lavant les mains.

— La marmite, répondit madame Fargon, semblant sortir d'un rêve.

— Mets-la vite, que la chaleur ne se perde pas.

— On en dépensera du charbon avec un feu comme celui-là, dit Anna en plaçant le pot de fonte sur le fourneau.

— Tu verras que tu n'en consommeras pas davantage avec un feu vif.

Et Julie prenant, avec la pelle à feu, la cendre et les escarbilles jetées en monceau à sa portée, les mouilla, puis, dès que l'eau de la marmite fut en ébullition, elle jeta dans le fourneau le contenu de la pelle.

— Que fais-tu là? La soupe ne cuira pas, ma pauvre Julie.

— Si vraiment; écoute....

En effet, on entendait de nouveau le bouillonnement de l'eau.

— Jette vite, dans la marmite, les choux que je vois là tout préparés et mets tes saucisses au four.

— Pour qu'elles soient desséchées. Non, non.

— Elles ne seront pas desséchées si tu mets dans ton plat, en même temps que les saucisses, un peu de graisse, deux cuillerées d'eau, du sel et du poivre et, de plus, tu auras une sauce délicieuse. Que veux-tu faire avec le crochet? ajouta-t-elle en voyant Anna saisir rapidement cet ustensile.

— Tisonner le feu; si je le laisse tranquille, le souper ne sera jamais prêt.

— Je t'assure que si.

— Eh bien, fais-le donc le souper, puisque tu es si savante.

Julie la prit au mot et, une demi-heure après, la soupe et les saucisses étaient cuites.

— C'est prêt trop tôt, soupira Anna.

— Remets de la poussière avec quelques petits morceaux de charbon, sans remuer surtout; ferme à moitié la clef du fourneau et ton souper se conservera chaud pour le retour de ton mari. Je te quitte, car il est temps d'aller faire ma cuisine; je crains même d'être en retard.

Elle mit son chapeau à la hâte, sans attendre les remercîments de sa cousine qui lui criait :

— Je serais tout de même bien fâchée si ton homme n'était pas content.

— Ne crains rien, au revoir.

Elle descendit en courant l'escalier, fit signe à un tramway, qui passait à l'instant où elle sortait de la maison, y monta et arriva chez elle vingt minutes avant la rentrée d'Henri.

Se débarrasser de son chapeau, mettre un tablier et allumer son fourneau fut l'affaire de cinq minutes, car, dès qu'un repas était terminé, elle enlevait la grille et vidait le cendrier dans le tamis en grillage de fer destiné à cet usage.

Grâce à sa promptitude, le repas était prêt lorsque son mari arriva; mais elle était rouge et essoufflée, contre son habitude.

Aux questions du relieur, elle répondit par le récit de sa visite chez Anna Fargon.

— J'espère que, pour une fois, tu ne seras pas trop contrarié de manger un potage maigre au vermicelle; nous aurons ensuite un bon morceau de ce pâté de tête de porc que j'ai fait samedi et que tu as trouvé si bon.

— Je mangerai cette soupe avec plaisir; je l'aime assez de temps en temps, et quant à ton pâté il est délicieux. Tu as bien fait de tirer d'embarras ma pauvre cousine, car elle n'est pas mal intentionnée, elle manque plutôt d'intelligence.

— Oui, elle n'est pas très fine et personne ne lui a jamais appris comment s'y prendre pour tenir son ménage. Ne s'est-elle pas mariée fort jeune?

— Elle avait dix-sept ans.

— On n'a guère d'expérience à cet âge-là.

— C'est vrai, mais elle en a vingt-deux à l'heure qu'il est. Dis donc aussi, Julie, qu'elle ne sait pas ménager son argent, et son mari tout de même : sais-tu que Fargon gagne 6 à 7 fr. par jour, qu'ils sont tous les deux forts et bien portants et qu'ils n'ont pas d'enfants. Depuis cinq ans qu'ils sont mariés ils devraient avoir des rentes; mais non, ils sont toujours à acheter tout ce qui leur plaît; après ils ne s'en soucient plus et ils le jettent dans un coin. Sans toi, voilà ce qui serait arrivé pour le fourneau.

— Dépêchons-nous de souper, interrompit Julie; tu sais que tu dois sarcler, ce soir, le carré d'oignons et celui de carottes.

— Je ne l'ai pas oublié et, pendant que je sarclerai, tu travailleras à ta jolie couverture de berceau.

— Je ne sais pas si elle sera jolie; mais, à coup sûr, ce couvre-pieds ne nous ruinera pas! Je le remplirai avec les bouts de laine, bien épluchés, que madame Espinget coupe de ses tapisseries et je le couvrirai avec des petits morceaux d'étoffe assemblés les uns aux autres, puis je ferai sur toutes les coutures un point d'épine.

— Qu'est-ce donc que tous ces morceaux

de toutes les couleurs et de toutes les grandeurs?

— Ce sont des échantillons dont on m'a fait cadeau chez madame Parotin, tu sais la maîtresse de ce grand magasin de nouveautés pour lequel je travaille. Regarde: ma grande corbeille en est remplie, ajouta Julie qui, tout en causant avec son mari, avait desservi et remis sa cuisine en ordre.

Elle prit une chaise basse, la grande corbeille en question, et vint s'asseoir auprès d'un rosier dont les fleurs, d'un beau rose, exhalaient un délicieux parfum.

Tout près d'elle, Henri sarclait les carottes et les oignons dont la récolte diminuerait considérablement les dépenses du jeune ménage.

Les autres carrés avaient été ensemencés et déjà les haricots et les pois promettaient une abondante cueillette.

— Henri, dit tout à coup sa femme, devine à quoi je pense?

— Au cher bébé, pardienne ! tu n'as que lui dans la tête.

— Et toi aussi ; mais ce n'était pas seulement à notre enfant que je pensais. Je me disais que pour porter bonheur à ce cher ange, nous devrions aider la pauvre Jeanneton à payer son loyer.

— Tu ne réfléchis pas, ma pauvre femme, répondit Henri en levant la tête, que nous ne sommes pas riches.

— Bien sûr ; mais tu sais aussi que nous sommes loin d'être dans la misère ; tu es si sobre et si travailleur, et tu sais encore, mon cher Henri, poursuivit-elle en s'animant, qu'on est obligé de s'aider les uns les autres. Elle est veuve et bien vieille, la pauvre Jeanneton ; de plus, elle a les jambes paralysées et elle a bien de la peine, pauvre chère bonne femme, à gagner quelque chose en tricotant.

— Je sais tout cela et je sais aussi que, sans une brave petite femme de ma connaissance, le lit de la mère Jeanneton ne serait pas si bien drapé ni sa maison si propre.

— Qui t'a dit cela? demanda Julie en rougissant.

— Mon père, qui t'a aperçue dans une de ses courses et qui est de plus en plus enchanté de sa bru.

— Pauvre père, pour si peu de chose. Je ne faisais que mon devoir, moi qui suis jeune et bien portante, mais d'ailleurs la propreté de sa chambre ne paie pas son loyer qui est de 60 fr.

— Est-ce que tu crois que nous pourrons lui donner cette somme !

— Pas toute, bien sûr ; mais si tu voulais lui donner un sou par jour, cela ferait 18 fr. par an : en se privant un peu on arriverait bien à 20 fr. au bout de l'année. Une société de secours paie la moitié de la location, tu vois bien qu'il ne resterait pas grand'chose, et Dieu nous bénirait dans notre enfant.

— Fais ce que tu voudras, ma chère Julie. Je crois que je pourrai bien fumer deux sous de moins par semaine, et je te les donnerai pour la tire-lire de la mère Jeanneton.

— Merci, Henri, tu es bon comme ton père et comme mes parents. Notre enfant te ressemblera.

— En attendant, il ne grelottera pas dans son berceau, dit Henri, en regardant la petite couverture pour cacher son émotion.

PREMIÈRE NAISSANCE.

Environ un an après le mariage de nos jeunes amis, Henri, son père et deux jeunes cousins s'acheminaient vers l'Hôtel de Ville, pour déclarer la naissance d'une petite fille, âgée de quelques heures.

Elle devait s'appeler Rose-Emilie, car sa marraine, la mère de Julie, portait le nom de Rose et son parrain, le père d'Henri, se nommait Emile.

Après la déclaration à la mairie et la cérémonie religieuse, un simple et joyeux repas réunit les grands parents et les témoins, chez le vieux menuisier, afin d'éviter le bruit qui eût pu troubler et fatiguer la jeune mère, si la réunion avait eu lieu dans la petite maison du faubourg.

Trois ou quatre semaines après cette heureuse naissance, Julie était, de nouveau, assise devant la table à ouvrage, près du berceau où dormait sa petite fille, abritée par ses rideaux de mousseline.

Un léger cri la fit tressaillir ; elle courut prendre, dans ses bras, le cher petit ange et se disposait à l'allaiter, lorsqu'un coup d'œil jeté sur la pendule modéra cet élan.

— Non, elle a bu à deux heures et il n'en est encore que trois. C'est trop tôt, mon ange aimé ! Mais, pourquoi pleurez-vous, mademoiselle Rosette, puisque ce n'est pas la faim qui vous chagrine ?

Elle la prit sur ses genoux et défit, avec précaution, les vêtements qui l'enveloppaient. En constatant qu'il fallait les changer, elle remit dans son berceau la chère petite créature, prit dans l'armoire un lange de toile, légèrement parfumé par les fleurs de lavande et la racine d'iris, et jeta dans la cheminée une brassée de recoupes de bois données par son beau-père. Bientôt une flamme brillante s'éleva dans le foyer et réchauffa la toile étendue devant le feu, sur un porte-serviettes, ouvrage du grand-père paternel de la petite Rose.

Julie avait repris son cher nourrisson, et assise près du feu, elle lui réchauffait les pieds avec sa main, présentée de temps en temps à la flamme ardente du foyer.

Gracieux procédé, que connaissent et emploient toutes les mères.

La petite fille, enveloppée de nouveau dans un lange chaud et sec, attaché, sans presser son corps, par des épingles de sûreté qui ne pouvaient la blesser, s'endormit doucement dans les bras de sa mère, qui la plaça aussitôt dans sa couchette.

Avant de reprendre son aiguille, Julie noua, autour de sa taille, un tablier de grosse toile et trempa, à plusieurs reprises, le linge qu'elle venait d'enlever à sa fille, dans un baquet d'eau exposé au soleil. Quand ce vêtement lui sembla bien net, elle l'étendit, dans un coin du jardin, à côté des précédents, lesquels, comme celui-ci, attendaient la lessive du lundi ; puis, avant de rentrer dans la maison, elle renouvela l'eau du baquet, à l'aide de la pompe placée près de la porte du jardin.

Madame Espinget, qui venait souvent la voir et dont elle avait reçu la visite le matin même, lui avait fortement recommandé de ne jamais laisser sale un seul des vêtements de la petite Rose.

— Vous aurez ainsi, lui avait-elle dit, beaucoup moins de peine à faire votre lessive, et votre enfant, ayant toujours du linge parfaitement propre, n'aura jamais la peau irritée et pleurera beaucoup plus rarement.

C'était aussi cette sage conseillère, qui, d'accord avec la sage-femme qui lui avait donné des soins, lui avait instamment recommandé de n'allaiter sa fille qu'à des heures régulières.

— Ainsi, avait-elle ajouté, le lait a le temps de se refaire, et l'enfant, celui de digérer entièrement chacun de ses repas. En agissant de cette manière vous lui éviterez beaucoup de souffrances ; surtout, si vous joignez à cette régularité une extrême propreté.

Julie, toujours docile, essayait de suivre tous les conseils qui lui étaient donnés avec tant d'expérience et d'affection. Ainsi elle ne manquait pas, chaque matin, de plonger la petite Rose dans une terrine d'eau tiède, où elle la lavait, de la tête aux pieds, à l'aide d'une éponge. Elle l'enveloppait ensuite dans une pièce de laine bien chauffée et, après l'avoir frictionnée avec ce lange, elle l'habillait rapidement près du feu.

Chaque lundi, elle faisait sa lessive dans une lessiveuse qu'elle avait achetée depuis deux mois.

Avant cette époque, elle employait l'ancienne méthode de la lessive à la cendre dans un cuvier de terre; mais cet excellent procédé est difficile à employer quand on se sert du charbon de terre comme combustible, puisqu'on manque de l'ingrédient indispensable et que, si l'on est obligé d'acheter la cendre, la lessive revient alors à un prix fort élevé.

La jeune mère se servait donc, avec succès, de sa lessiveuse et, grâce à sa laborieuse activité, la même aisance régnait au logis.

Elle avait pu aussi continuer son travail de couture et de broderie, même quand Rose ne passa plus que peu de temps dans son berceau; car, dès que la petite fille eût atteint l'âge de trois mois, madame Espinget envoya à la jeune mère deux couvertures de laine verte, hors de service, et l'engagea à en préparer un épais tapis sur lequel elle poserait Rosette, qui s'y ébattrait à l'aise et laisserait ainsi quelque loisir à Julie.

— Mes six enfants ont été élevés ainsi,

lui disait madame Espinget. Le plus précoce à dix mois, le plus tardif à un an, ont fait, sans aide, leurs premiers pas sur un tapis, en s'accrochant à ma robe avec leurs petites mains. Comme vous le pensez, j'étais toujours là, assise avec mon ouvrage, tout près du tapis, car la surveillance continuelle des enfants est un des devoirs les plus rigoureux d'une mère de famille. Essayez de mon tapis ; vous vous en trouverez bien, avait-elle ajouté, en souriant.

La jeune madame Bernard avait essayé. Elle était enchantée de cette méthode, laquelle, en lui permettant de travailler, conservait l'aisance dans le ménage et lui donnait le loisir de faire faire, chaque jour à sa fille, une promenade d'une heure, bien salutaire aussi pour la santé de la jeune mère.

La journée la plus difficile à passer était le dimanche, à cause de la difficulté de concilier ses devoirs de mère et d'épouse.

Les longues promenades devenaient impossibles et Henri pouvait prendre goût aux distractions dangereuses.

Julie, d'accord avec son mari, avait décidé qu'elle emploierait une partie de sa tire-lire à l'acquisition d'une petite voiture.

— Prenez garde, avait dit madame Espinget, quand on lui communiqua ce projet. Mon médecin m'a souvent répété que la promenade, dans ces conditions, ébranlait d'une façon dangereuse le cerveau de ces pauvres petits êtres, qui peuvent aussi se refroidir sans qu'on s'en aperçoive. Ne feriez-vous pas mieux de remettre cette emplette à l'année prochaine? Rose aura alors près de deux ans ; sans être assez forte pour faire de longues promenades, elle le sera assez pour supporter les légères secousses que font éprouver d'ordinaire ces petites voitures.

Julie reconnut la sagesse de ces conseils et se décida à ajourner ses intentions.

— Que deviendra Henri pendant toute la journée du dimanche ? Il s'ennuiera en se promenant seul ou il fera de mauvaises connaissances, et pourtant je me dois à mon enfant, disait la femme d'Henri, quelques jours plus tard.

Madame Espinget, à qui elle communiquait ses craintes, lui dit, qu'en effet, il serait dangereux de priver son mari de sa société ; mais, ajouta-t-elle, vos devoirs maternels ne doivent pas vous faire négliger vos devoirs d'épouse. Vous pouvez très bien porter, chaque dimanche, votre fille chez votre mère, qui sera heureuse de vous la garder, ce qui vous permettra de faire une promenade de trois heures avec votre mari et ainsi tout ira bien.

NOUVELLES RESSOURCES.

Rose venait d'atteindre sa deuxième année, lorsque le petit Jules vint au monde la veille de Noël.

Il avait déjà six semaines. C'était le soir : Henri et sa femme avaient prolongé la veillée. Julie, pour finir la broderie de quelques taies d'oreiller, attendues par madame Parotin, et le jeune relieur, pour brocher les Annales d'une Société littéraire.

Quand la brodeuse eut terminé son travail, elle prit un tricot dans sa corbeille et dit à Henri :

— Sais-tu bien que les dépenses vont augmenter, maintenant que nous avons deux enfants et que j'aurai moins de temps pour travailler ; car notre Rosette est encore trop jeune pour être admise à la salle d'asile ?

— Oui, j'y ai pensé, répondit tristement le jeune père de famille, en suspendant son travail. Il nous faudra cesser nos placements à la Caisse d'épargne.

— Moi, je crois que nous pourrons les continuer.

— Comment cela ? Il ne faut pas que les enfants souffrent, ni toi non plus.

— Nous ne souffrirons pas et nous pourrons encore faire des économies. J'ai trouvé un moyen.

—. Quel moyen ?

— Ah ! voilà. Il est certain, poursuivit la jeune femme, en continuant à tricoter rapidement, que je ne pourrai plus faire autant de coutures et de broderies ayant deux enfants à soigner ; mais je puis devenir blanchisseuse de fin. Au lieu de consacrer deux jours par semaine au blanchissage et au repassage, j'en donnerai quatre à ce travail. Je suis certaine de gagner ainsi, autant qu'avec mon aiguille et peut-être davantage.

— Tu dois savoir cela mieux que moi.

— J'ai songé encore à autre chose, poursuivit-elle, sans répondre à son mari. Nous pourrons vendre les plus beaux fruits de notre jardin et nos légumes de primeur. Que penses-tu de mes projets?

— Je pense qu'ils sont fort bons ; mais qu'il te faudra travailler dur, ma pauvre femme.

— Eh bien ! après ! Je suis jeune et j'ai du courage. Ne faut-il pas mieux travailler davantage que d'imposer, à nous et à nos enfants, des privations qui nous rendraient peut-être beaucoup plus malades que la besogne la plus dure. C'est alors qu'il ne serait plus possible de mettre à la Caisse et qu'il faudrait plutôt y prendre.

— Ce ne serait pas gai de voir notre avoir s'en aller miette à miette.

— Oh ! non, car nous avons déjà une belle petite somme à la Caisse d'épargne.

— Voilà mes brochures finies ; donne-moi donc notre livret, Julie.

Elle le prit dans une boîte fermant à clef, placée dans un tiroir de la commode et le présenta à Henri.

— En nous mariant, dit celui-ci, nous avons déposé à la Caisse 400 fr. Tiens, vois, ajouta-t-il, en tendant le livret à sa femme et en appelant, à haute voix, les sommes placées :

Aussitôt notre mariage..........	400 f	»
Dans la première année	100	»
Dans la deuxième année........	87	»
Dans la troisième année........	132	»
Cela nous fait.......	719 f	»

— C'est une belle somme, interrompit madame Bernard.

— Oui, et comme nous n'avons jamais retiré un centime, notre argent a dû augmenter.

Il prit un crayon, une rognure de papier et traça quelques chiffres.

— Je ne sais pas trop faire ce calcul, mais

il me semble pourtant qu'avec les intérêts des intérêts, nous devons avoir environ 800 fr., cela ne ferait pas moins de 18 à 20 fr. de rente.

— Si bien que nous voilà rentiers. Quel bonheur ! s'écria Julie.

— Jolis rentiers ! Mais en n'y touchant pas ça augmentera, et...

— Il y a aussi une chose qu'il ne faut pas oublier, dit la jeune mère, en interrompant brusquement Henri. La première fois que tu iras à la Caisse d'épargne, il faut prendre un livret pour Jules : de 5 fr. comme celui de sa sœur ; et puis, on continuera à mettre à part pour chacun, 0 fr. 25 c. par mois. Ce sera le commencement de sa dot à notre Rosette ; et elle chanta, à demi-voix, en riant, le refrain d'une vieille romance :

Pour dot, ma femme a cinq sous.

— Si tu n'es pas trop fatigué, Henri, tu serais bien aimable de me faire le compte de madame Parotin. Tu sais qu'elle paie ordinairement par mois et je n'ai pas encore remis les comptes de décembre et de janvier.

— Donne-moi ton carnet. Tu as marqué exactement ?

— Très exactement ; tu vas voir.

Elle prit un calepin dans son coffret à ouvrage et l'apporta à son mari.

Celui-ci appela, à haute voix, les divers articles en les écrivant.

Doit madame Parotin à Julie Bernard :

Façon de 2 draps à grands ourlets et surjets, à 1 fr. l'un............	2 ᶠ	»
Façon de 8 draps sans couture, à grands ourlets, à 0 fr. 75 c. l'un...	6	»
Façon de 10 taies d'oreiller à 1 fr. 25 c. l'une................	12	50
Broderie de 32 grandes lettres à 1 fr. 25 c. l'une................	40	»
Total.........	60 ᶠ	50

Pour acquit, le 8 février 18...

— Est-ce bien cela ?

Julie parcourut la facture et l'approuva.

— Mets un timbre maintenant et signe.

Elle obéit gaiement, en disant :

— 60 fr. 50 c., ce n'est pas trop mal pour deux mois, car je n'ai guère travaillé en décembre et encore moins en janvier, où je n'ai repris mon ouvrage, pour le magasin, que la dernière semaine.

— C'était bien assez tôt, souffrante comme tu l'as été.

— Je suis bien rétablie maintenant et j'aurai du courage au travail.

— Allons, ma petite femme, assez de calcul. Il est onze heures sonnées ; allons nous coucher.

La jeune ouvrière enveloppa soigneusement, dans une serviette blanche, les draps et les taies d'oreiller que son mari devait porter le lendemain chez madame Parotin, en se rendant à l'imprimerie, puis elle remit à leur place tous les objets qui avaient servi aux travaux de la soirée.

Une demi-heure plus tard, les jeunes époux et leurs deux enfants dormaient profondément;

car, avant de se mettre au lit, Julie avait allaité le petit Jules.

Dès le lendemain, la courageuse femme songea à l'accomplissement de ses nouveaux projets.

A l'issue du repas de midi, elle habilla ses enfants et fit elle-même sa toilette.

Leur mise était soignée, même à la mode ; mais conforme à la position de leurs parents.

La jeune mère n'avait pas imité les femmes qui font de leurs enfants de véritables marionnettes, et leur donnent le goût et l'habitude d'un luxe dangereux, goût et habitudes propres à compromettre gravement leur avenir.

Elle prit Rose par la main, Jules sur son bras et s'achemina vers l'intérieur de la ville.

Avant de se rendre au magasin, elle porta, chez une bouquetière, une assez forte botte d'héliotrope d'hiver (1) cueilli le matin et renfermé dans une corbeille portée par la

---

(1) Tussilage odorant.

petite fille, que sa mère habituait déjà à lui rendre de légers services.

La fleuriste, chez laquelle elle avait plusieurs fois fait des commissions pour madame Espinget, l'accueillit avec bienveillance, lui paya, un franc, sa botte d'héliotrope et lui promit qu'elle lui achèterait toutes les fleurs choisies, et surtout précoces, qu'elle pourrait cueillir dans son petit jardin.

Julie remercia chaleureusement et se dirigea vers le magasin de nouveautés.

Elle pria la concierge, qu'elle connaissait depuis longtemps, de vouloir bien lui garder ses enfants, durant quelques minutes, pendant qu'elle irait toucher la facture qu'elle avait préparée la veille.

En remettant son compte à madame Parotin, elle la pria de vouloir bien la recommander, si quelques-unes de ses clientes avaient besoin d'une blanchisseuse de linge fin et d'une repasseuse.

— Avec plaisir, madame Bernard, répondit l'excellente femme, qui recevait rarement elle-même ses ouvrières, mais faisait presque toujours une exception en faveur de la jeune brodeuse, pour qui elle avait une affectueuse estime.

Les mois de février et de mars s'écoulèrent et la courageuse Julie n'eut pas à se plaindre du résultat de ses travaux et de ses ventes, car elle avait réuni assez de clients pour le peu de temps dont elle pouvait disposer, en dehors de ses devoirs de mère et de ménagère.

Comme elle l'avait prévu, le gain du blanchissage et du repassage surpassa celui de ses broderies qu'elle n'avait pas, du reste, complètement abandonnées.

Elle y joignit le produit de la vente des petites jacinthes blanches, dont, d'après le conseil du jardinier de madame Vermansin, elle avait rempli toutes ses plates-bandes.

Quelques bottes de laitues de primeur et de radis, cultivées dans un coin du jardin bien abrité, lui valurent aussi un joli bénéfice, et, le 1er mai, elle se trouva à la tête de la somme, fort rondelette, de 120 fr. pour ses trois mois.

De son côté, Henri, qui avait une très jolie écriture et une bonne instruction primaire, avait encore quelque peu augmenté leurs ressources en copiant des manuscrits pour les clients de l'imprimerie, quand il n'avait pas de travail de reliure.

Ce travail était peu rétribué, mais nos jeunes amis avaient pour principe de ne pas négliger le plus léger gain et répétaient souvent le proverbe favori de la mère Jeanneton :

Petit à petit, l'oiseau fait son nid.

Et c'était vrai, car deux autres enfants, Henriette et Joséphine, vinrent en quatre années, augmenter la famille ; et, si parfois les placements à la Caisse d'épargne ne furent pas considérables, du moins ne fut-on jamais obligé de les suspendre.

Chacun des quatre enfants avait son livret, son versement mensuel, et la mère Jeanneton était toujours l'objet des bienfaits des jeunes époux.

Tous les membres de la famille étaient convenablement vêtus, bien nourris ; aussi, il arrivait souvent, durant la promenade du dimanche, que les passants s'arrêtaient pour admirer cette jolie famille, dont les parents et les enfants paraissaient si gais et si bien portants.

DEVOIRS DE FAMILLE.

Depuis quelque temps Julie craignait que l'étroitesse de leur logement ne nuisît à la santé de ses enfants, si bien portants jusqu'alors.

Elle avait plusieurs fois fait part de ses craintes à son mari ; mais celui-ci reculait devant un déménagement qui eût augmenté le prix de son loyer, ou l'eût obligé à un éloignement de la ville, incompatible avec ses occupations, celles de sa femme et l'instruction de leurs enfants.

Quelques semaines plus tôt, la jeune madame Bernard avait eu la douleur de perdre son père et il pouvait se faire, il était même probable, que la pauvre veuve viendrait demeurer avec ses enfants.

Cette circonstance était un nouveau motif pour désirer une demeure plus spacieuse.

Un soir, son mari en rentrant plus tard que de coutume, lui raconta qu'il avait été obligé d'aller, avec Nanette, fille de basse-cour de madame Vermansin, chez sa belle-mère ; cette jeune fille, se mariant très prochainement, désirait avoir la suite du bail de Rose Bideau ; et celle-ci ne voulait consentir à le céder qu'à condition qu'on lui donnerait un bon prix de ses vaches et de son porc. — Ta mère a ajouté, dit Henri, qu'elle irait à ses journées pour gagner le reste de son pain.

— A ses journées, s'écria Julie, nous ne la laisserons jamais, n'est-ce pas ?

— Non, certainement ; cela n'augmentera pas beaucoup la dépense de l'avoir avec nous et c'est notre devoir de la recueillir, cette pauvre vieille mère !

— Que tu es bon, mon ami !

— Ne retardons pas le souper, ma petite femme, il n'en serait pas meilleur, et un repas tardif n'est pas bon pour les enfants.

Ils se mirent à table, pendant que Joséphine, que sa mère venait d'allaiter, était couchée par Rosette qui, avant de prendre sa place, attacha la serviette de son frère et celle de sa sœur.

Le souper terminé, après une promenade au jardin, pour faire la chasse aux limaces qui dévoraient les laitues, Julie fit rentrer les enfants et déshabilla son petit garçon, pendant que Rosette couchait sa sœur, qu'elle ne tarda pas à rejoindre dans le lit de fer placé dans la cuisine.

Leurs parents reprirent alors la conversation interrompue :

— Lorsque nous sommes allés souper, ma chère Julie, j'allais te dire que monsieur Bidard, un ami de monsieur Espinget, a fait construire quelques maisons, de quatre à cinq pièces, avec un jardin un peu plus grand que le nôtre. Le loyer est de trois cents francs ; mais en en versant immédiatement quatre cents, en plus de la location annuelle, la maison nous appartiendrait dans douze ans. Ce serait un grand avantage d'être chez nous, dans notre vieillesse, et de laisser une petite propriété à nos enfants.

— Oui, mais je crains que cet arrangement ne nous soit pas possible.

— Je le crains aussi, dit tristement Henri, et il est évident, cependant, que notre maison devient trop petite, surtout si ta mère et mon père viennent demeurer avec nous. Pauvre père ! il a soixante-dix ans et commence à être vieux pour diriger un atelier !

— Huit personnes à nourrir chaque jour !... répliqua la jeune femme.

— Tu n'y parviendras jamais avec d'aussi faibles ressources. Que devenir ?

— Aide-toi, le ciel t'aidera. — Ne nous décourageons pas surtout ; nous trouverons quelque moyen de faire face aux nouvelles dépenses.

Malgré son courage et son apparente tranquillité, madame Bernard était aussi inquiète que son mari et leur sommeil fut troublé, plus d'une fois, par leurs préoccupations.

Le lendemain, après le départ d'Henri pour l'atelier et la mise en ordre de sa chambre, Julie, entendant sonner sept heures, réveilla l'aînée de ses filles, avec de douces paroles et de tendres baisers.

— Rosette, ma chérie, voici l'heure du lever. Père est déjà parti pour son travail.

La chère petite fille ouvrit à demi les yeux, et, jetant les bras autour du cou de sa mère, l'embrassa bien fort.

— Allons, ma fillette, hors du lit. Tu as dormi dix heures, c'est bien assez, mon amour, disait sa mère, en lui rendant sa douce étreinte. — Te voilà tout à fait réveillée, il ne faut pas rester couchée.

Rosette obéit. Après avoir passé une blouse-peignoir, faite par sa mère, elle versa de l'eau dans une terrine et se lava, avec une grosse éponge, le cou, la figure, les bras et les mains, en se brossant les ongles avec une brosse bien douce, qu'elle avait achetée, avec quelques-uns des sous donnés, chaque dimanche, par son grand-père. Sa toilette de propreté finie, sa mère passa l'inspection et natta les épais cheveux bruns de sa petite fille ; puis elle lui passa une robe, faite ainsi que celle de sa sœur, avec deux vieilles robes, dont les meilleures parties avaient été assemblées avec tant de goût et d'adresse que la toilette des deux sœurs paraissait presque neuve.

Il en était de même des tabliers-sarreaux, garnis de lacets rouges, qui semblaient de toile grise, et avaient été confectionnés avec de vieux habits d'été, ayant appartenu à Henri.

Il fallait bien faire durer, le peu de vêtements qu'on pouvait acheter, le plus longtemps possible.

Dès que Rose fut habillée, elle se mit à genoux, fit sa prière et s'occupa de la toilette de sa sœur, tandis que sa mère procédait à celle de son frère ; puis, aidée par Jules, et même par la toute petite, elle fit les deux lits.

Aussitôt que les trois enfants furent prêts, leur mère leur servit une bonne soupe au lait.

Jules, qui boudait parfois, refusa son bol de soupe.

Sa mère n'eut pas l'air de s'apercevoir de ce caprice, occupée qu'elle était à étendre son linge pour profiter d'un soleil splendide ; mais quand les enfants quittèrent la table, elle s'approcha du petit garçon, coupa un morceau de pain et le lui présenta, en disant tranquillement :

— Puisque tu ne veux pas de ta soupe ce matin, tu la mangeras à midi.

— J'aurai faim avant, répliqua Jules, à demi-voix et d'un air boudeur.

— Voici un morceau de pain ; tu peux le mettre dans ta poche.

— Tout sec !

— Certainement tout sec. Quand on ne veut pas manger ce qui est sur la table, on se contente de pain sec.

— Ça m'est bien égal ; avait dit le vilain garçonnet, d'un air qu'il voulait rendre indifférent.

Rosette s'approcha de lui :

— Ça t'est-il égal aussi de faire du chagrin à maman et de lui donner la peine de réchauffer ta soupe?

L'enfant, sans répondre, s'avança pour recevoir le baiser de sa mère ; mais celle-ci lui dit :

— Je veux bien t'embrasser encore ce matin, mais si tu recommences demain, je ne t'embrasserai pas et tu n'auras même pas de pain sec.

— J'aime pas la soupe au lait, moi !...

— Mon cher petit, il y a de pauvres enfants qui ont grand faim, et qui n'ont même pas de pain sec à manger. Tu n'en aurais pas non plus, mon cher mignon, si ton père et moi nous ne travaillions pas afin d'avoir des sous pour vous donner, tous les matins, une bonne soupe au lait bien chaude.

Deux grosses larmes roulèrent sur les joues rebondies du petit garçon ; il s'approcha bien près de sa mère et lui dit, tout bas :

— Je veux manger ma soupe, et je donnerai mon pain aux enfants qui n'en ont pas.

— Non, répondit Julie, avec fermeté : Il est temps de partir pour l'école ; si tu as faim, tu mangeras le pain qui est dans ta poche.

Rose aurait bien voulu demander la grâce de Jules, mais elle savait, par sa propre expérience, que jamais sa mère ne cédait quand elle avait infligé une punition et elle se contenta de dire à son frère, d'un air quasi-maternel :

— Tu ne feras plus de chagrin à maman ?

Jules fit signe que non, et la petite Henriette, qui avait suivi cette scène sans trop la comprendre, car elle n'avait que deux ans et demi, dit tout à coup d'un air suffisant :

— Yette a mangé sa soupe, elle !...

— Oui, dit madame Bernard, Henriette a mangé sa soupe ; mais Henriette a pleuré hier, pendant que sa sœur l'habillait. Henriette n'a pas été sage, elle, non plus.

La petite fille répéta :

— Pas sage, Yette, pas sage, non...

— Il n'y a que moi qui suis sage, dit Rose, en relevant orgueilleusement la tête.

— Même, quand tu boudes comme hier, lui dit tout bas sa mère, parce que je ne pouvais pas me déranger pour commencer le crochet de ton sac à éponges.

Rosette baissa la tête, sans mot dire, et se hâta de rejoindre son frère et sa sœur, qui partaient pour l'école, en compagnie de madame Clébert.

Madame Bernard ne pouvant, avec son état de blanchisseuse de fin, faire les quatre courses nécessaires pour accompagner ses enfants, les faisait conduire à huit heures, ramener à onze et reconduire à une heure par cette respectable veuve.

Cette pauvre femme employée dans une usine qui avoisinait l'école, se trouvait suffisamment rémunérée de ses services, en recevant, à midi, une bonne écuelle de soupe.

A quatre heures, Julie allait elle-même chercher ses enfants avec la petite Joséphine, et, au retour, l'après-midi s'écoulait rapidement.

Dans la belle saison, Jules cueillait des légumes, ratissait les allées et amusait sa sœur Henriette, afin qu'elle n'interrompît pas le travail de sa mère, et qu'elle laissât tranquille la toute petite, soit sur son tapis, soit dans son berceau.

Dans l'hiver, on se réunissait autour de la table de la cuisine, éclairée par une lampe suspendue au plafond, afin d'éviter les accidents causés, trop souvent, par de brusques mouvements enfantins.

Selon leur âge, les enfants regardaient des

images, s'amusaient à faire de petits ouvrages en papier, ou essayaient d'imiter les objets qu'ils avaient devant les yeux avec les menus brins de paille, devenus hors de service pour le tuyautage.

Cet emploi des déchets de paille était devenu le passe-temps favori de Jules, quand il avait épuisé les crayons et le papier dus à la générosité de son grand-père.

Cependant cette distraction préférée ne l'empêchait pas d'aider quelquefois ses petites sœurs à effiler des chiffons de laine, qui devaient faire de chauds couvre-pieds, recouverts comme celui du berceau, avec de petits morceaux d'étoffes de toutes couleurs, réunis avec goût par Julie.

Parfois, lorsque sa mère avait quelques recoupes de toile hors de service, Rose les transformait en charpie, ou quand les morceaux étaient grands et pas trop usés, elle y coupait des bandes qu'elle roulait bien serrées en les arrêtant par un point de fil sans nœud.

Ce travail, qui plaisait fort à la fillette, était destiné à la petite pharmacie du ménage, laquelle, outre les plantes médicinales récoltées dans les promenades à la campagne, contenait aussi du coton en poil pour les brûlures, et, d'après l'indication du pharmacien, divers remèdes pouvant, en cas d'accident ou de maladie subite, être employés sans inconvénient, par la mère de famille, en attendant l'arrivée d'un médecin.

Madame Bernard savait à merveille amuser ses enfants, en occupant leur activité, selon leur goût et leur âge.

Elle avait habitué Rosette, toute jeune qu'elle était, à la seconder dans les soins du ménage et dans la préparation des repas.

La petite fille, de même que la plupart des enfants, prenait un plaisir extrême à faire le même travail que les grandes personnes, et elle épluchait les légumes, mettait le couvert, surveillait la cuisson du dîner, souvent même lavait la vaisselle ; le tout sous les yeux de sa mère, ce qui permettait à celle-ci un travail plus assidu.

Jusqu'à présent, les enfants de nos jeunes amis, élevés dans le sentiment du devoir, n'annonçaient pas de défauts graves et ne commettaient que des fautes légères ; cependant madame Bernard ne se départait pas de sa fermeté.

Elle ne frappait pas, ne grondait pas à grands cris, punissait rarement, mais elle ne manquait jamais à sa parole lorsqu'elle avait menacé d'une punition ou promis une récompense ; jamais non plus elle ne trompait ses enfants.

Aux nombreuses questions que ces chers petits êtres nous font à toute minute, si une réponse vraie eût été au-dessus de leur portée, elle répondait qu'ils n'étaient pas encore assez grands pour comprendre ; et, dans le cas contraire, elle leur donnait, le plus clairement possible, une explication selon leur âge.

Le jour où Jules avait refusé son bol de lait,

Henri dit à sa femme, en rentrant pour le repas de midi :

— Le patron m'a permis de rester une heure de plus à la maison pour terminer le travail que j'ai commencé ici, hier au soir, et qui est fort pressé.

— Dînons vite alors, fut la réponse de Julie.

Après le dîner et le départ des enfants pour l'école, le relieur pria sa femme de venir travailler près de lui.

Elle obéit et prit une broderie, quoiqu'elle eût un autre travail fort pressé, mais qui l'eût éloignée de son mari.

— Tu as quelque chose à me dire, Henri, fit-elle toute tremblante, en s'asseyant auprès du métier du relieur. Qu'est-il donc arrivé ?

— Rien que d'heureux, ma petite femme; mais ne tremble donc pas ainsi, toi, si brave, si courageuse. Allons, tu vas pleurer maintenant, écoute-moi plutôt.

— Parle vite, dit-elle, en s'efforçant de retenir ses larmes.

— Le patron me propose d'augmenter mes appointements, en me nommant contre-maître de l'atelier de reliure, auquel il veut donner plus d'importance. Je gagnerais 200 fr. par mois, mais je serais obligé de partir plus tôt et de rentrer plus tard, et il ne me serait plus permis d'apporter ici du travail supplémentaire. Cette position ne me donnerait donc guère plus qu'une augmentation d'une cinquantaine de francs par mois. Je n'ai voulu donner aucune réponse à monsieur Vermansin, avant de te consulter. Quel est ton avis ?

— Je ne sais trop, répondit Julie, qui s'était calmée et avait écouté attentivement son mari. Il faudrait réfléchir avant de rien décider. Si tu veux me le permettre, je consulterai madame Espinget.

— Je le veux bien. Nous en reparlerons vendredi soir.

Madame Bernard alors fit sa toilette et arriva chez madame Espinget avant l'heure habituelle de la sortie de sa vieille amie.

Pauline l'introduisit aussitôt, car elle savait que sa maîtresse était toujours heureuse de recevoir la jeune mère de famille.

Après un échange d'affectueux bonjours, madame Espinget demanda :

— Tout va-t-il bien chez vous, ma chère Julie ?

— Très bien, Madame, je vous remercie. Je viens encore vous demander un conseil.

Elle raconta ce que nous savons déjà : la probabilité de la vie en commun avec sa mère et son beau-père, l'étroitesse de son logement actuel, le haut prix des constructions de monsieur Bidard, et enfin la proposition du patron de son mari.

— Je connaissais cette dernière affaire, répondit madame Espinget. Monsieur Vermansin nous a parlé longuement de ses projets.

— « J'ai besoin, nous a-t-il dit, d'un contre-maître pour mon atelier de reliure, qui a pris un grand accroissement.

» Bernard me conviendrait sous beaucoup

de rapports. Sa probité est incontestable, il parle peu, il est sobre, laborieux, excellent ouvrier. Il me semble qu'il saurait se faire aimer et obéir ; mais je regrette que le bon marché excessif auquel nous sommes obligés de livrer nos travaux ne me permette pas de lui faire une position aussi avantageuse que je l'aurais voulu pour lui aider à élever sa nombreuse famille.

— Il est certain, lui dis-je, que des appointements élevés amélioreraient considérablement l'avenir de ses enfants.

— L'avenir, Madame, mais aussi leur position actuelle, je le suppose.

— J'ai dit l'avenir et je le répète ; car, grâce au bon sens, au labeur assidu et à l'esprit d'ordre et d'économie de ces jeunes époux, ils ont pu jusqu'ici, non seulement suffire à leur existence journalière, mais encore placer quelque argent et commencer un petit pécule pour chacun de leurs enfants.

— Mais c'est merveilleux, Madame. Ce que

vous m'apprenez m'inspire encore une plus grande estime pour mon ancien apprenti; car il a fait son apprentissage dans nos ateliers. Oh ! j'y pense, il doit être à sa vingt-cinquième année de reliure et je serais heureux de la fêter par sa nomination comme contre-maître.

Madame Espinget s'arrêta un instant pour considérer l'expression de bonheur qui animait la physionomie de la femme d'Henri, puis elle poursuivit :

— Voyez maintenant, ma chère petite amie, ce que vous devez conseiller à votre mari.

— Quel est votre avis, Madame ?

— Ne le devinez-vous pas ? Quand des rapports semblables à ceux qui unissent Henri à M. Vermansin existent entre les patrons et les ouvriers, cet accord mutuel, cette sympathie réciproque font l'éloge des deux parties et il ne faut pas risquer de les altérer.

— Vous avez bien raison, Madame, et mon mari sera si heureux d'entendre les bonnes paroles que vous m'avez rapportées qu'il n'hé-

sitera plus à donner une réponse affirmative.
Pardon, Madame, dit-elle en s'interrompant :
je n'ose rester plus longtemps ; je crains d'être
en retard pour préparer un paquet de linge
qu'une de mes clientes doit envoyer chercher
ce soir.

Elle remercia chaleureusement madame
Espinget et, s'arrachant à une entrevue qui
lui était si douce, elle quitta sa chère conseillère. Toujours pressée, elle ne prit que le
temps de dire un court bonjour à sa belle-
sœur en passant près de la lingerie, car il
fallait encore qu'elle allât chercher sa petite
Joséphine, confiée à sa mère.

Le soir, Henri et Julie reprirent la conversation de la veille. La femme du relieur, tout
heureuse de l'estime qu'inspirait son mari, se
hâta de lui répéter les choses flatteuses qu'a-
vait dites monsieur Vermansin.

Henri fut très touché des sentiments de son
patron à son égard, mais il ajouta :

— Je ne fais que mon devoir.

— C'est vrai, répliqua naïvement sa femme ; mais, tout de même, c'est bien heureux que ton patron s'en aperçoive. Tu vas sans doute accepter ses propositions ?

— Certainement.

— Et la maison de monsieur Bidard, Henri ? Que fera-t-on pour la maison ?

— Je voudrais attendre encore un peu avant de me décider ; en causer avec toi, réfléchir, et puis enfin savoir ce que fera ta mère. Quand la verras-tu ?

— Demain, c'est jeudi. J'irai avec les enfants et sûrement elle m'apprendra ses intentions.

— Quand nous les connaîtrons, nous verrons ce que nous pourrons faire. En attendant, viens te coucher, ma petite femme, dix heures sonnent à l'Hôtel-de-Ville.

— Je les entends, mais mon linge n'est pas encore prêt à rendre à mes clientes et, puisque je dois faire une longue course demain, il faut que je repasse ce soir, au moins jusqu'à la demie de onze heures.

— Ne crains-tu pas que la chaleur du poêle ne fasse mal aux enfants, durant la nuit ?

— Si, je le crains ; quoique j'aie établi un courant d'air, auquel leur lit n'est pas exposé. Malheureusement, je ne puis faire autrement, Rose est déjà trop âgée pour coucher dans notre chambre et je ne puis repasser qu'à la cuisine.

— Oui, il nous faudrait absolument une maison plus grande. Comme tu seras lasse, si tu prolonges la veillée. Veux-tu que je reste près de toi ?

— Non, merci. Va te reposer, tu as mal dormi la nuit dernière.

— Bonsoir alors, ma petite femme, je t'obéis, car je tombe de sommeil. Bonsoir.

La vaillante femme, qui, elle aussi, se fût volontiers reposée, prit ses fers, et la pendule de sa chambre sonnait la demie de minuit, lorsqu'elle s'endormit d'un sommeil léger, car il lui fallait se réveiller au moindre appel de la petite Joséphine.

Julie ne rendait jamais son ouvrage le jeudi, ne voulant pas laisser ses enfants aller seuls chez leur grand'mère.

Le lundi, elle préparait sa lessive et la terminait le mardi et le mercredi. De cette manière, ayant rempli ses obligations envers ses clients au commencement de la semaine, elle était libre de consacrer le jeudi à ses enfants et à ceux de ses travaux de couture qu'elle pouvait emporter à la campagne. Le vendredi et le samedi lui suffisaient à peine pour la confection et l'entretien du linge et des vêtements de la famille; aussi, depuis la naissance de Fine, comme l'appelaient son frère et ses sœurs, elle avançait presque chaque jour l'heure de son lever et retardait celle de son coucher.

Quant au dimanche, il était consacré aux devoirs religieux, au repos et aux enfants, dont leurs parents s'occupaient, ce jour-là, exclusivement.

LES VIEUX PARENTS

Un brillant soleil du mois d'août éclaira la journée du jeudi, et on partit aussitôt après le repas de midi.

Les belles mûres noires ne manquaient pas dans les haies, et madame Bernard savait faire, avec ces fruits sauvages, d'excellentes confitures, peu dispendieuses et fort appréciées des enfants.

On n'arriva à la Cerisaie qu'à trois heures; car, si la récolte était abondante, elle avait été longue à recueillir par toutes ces petites mains.

L'entrée à la ferme fut joyeuse : la vieille grand'mère était si bonne ; les galettes si dorées, la crème si douce !

Après un excellent goûter, les enfants allèrent jouer dans la prairie sous la surveillance des deux mères. La jeune femme, assise sur un tronc d'arbre, tirait l'aiguille avec son activité habituelle, tandis que la vieille fermière, installée sur l'herbe, égrenait les pois conservés pour les prochaines semailles et communiquait à sa fille les propositions de Nannette.

— Je crois ben que je vas les accepter, puisque nous v'là d'accord. J'vas tâcher de trouver quéque chose à louer dans le village et j'irai à mes journées.

— Est-ce que vous quitterez tout de suite votre ferme, ma mère?

— Nannette voudrait ben que je m'en vas au plus vite, car elle se marie à la Toussaint; mais faut ben tout de même que je trouve à ma convenance.

— Venez loger avec nous, ma bonne mère.

— Ça mérite réflexion, ma fille, ce sera ben loin pour aller à mes journées.

— Il serait bien temps de vous reposer à votre âge.

— Me reposer !... dit la vieille femme avec humeur. Ah ! nenni point. J'ai pas encore la tête branlante et les jambes mortes pour me reposer.

— Bien sûr ; mais vous avez beaucoup travaillé pour élever vos neuf enfants et pour les soigner dans leurs maladies ; puisque le Bon Dieu vous les a enlevés, vous pouvez bien prendre un peu de repos, près de la seule fille qui vous reste.

— Pour être à ta charge et à celle de ton mari... Nenni, nenni, tant que je pourrai bouger bras et jambes, je ne serai à la charge de personne. Non, dam !

— Vous savez qu'Henri désire, autant que moi, vous avoir à la maison.

— Quant à ça, vous êtes de bons enfants ; on le sait ben... Vous avez été ben doux à votre pauvre vieille mère depuis la mort de mon défunt. Le pauvre cher homme ! Que Dieu ait son âme ! Mais tout ça n'empêche pas que vous avez ben assez de vos quatre enfants. Et tout mon fait? Ousque vous le logerez?

— Nous louerons une maison plus grande.

— En v'là des affaires pour manger l'argent. Est-ce qu'on peut pas mettre mon grand lit dans ta cuisine. Les filles coucheront avec moi.

— Nous arrangerons tout cela, ma bonne mère; dites que vous viendrez, répliqua Julie d'un ton suppliant.

— C'est pas ben sûr...

— J'ai besoin de vous, ma mère, reprit madame Bernard, car je vais être obligée de refuser de l'ouvrage si vous ne venez pas à la maison. J'en ai trop pour moi seule. Henri, de son côté, aura beaucoup moins de temps pour le jardin. Peut-être que vous voudriez bien lui aider ?

Alors elle fit part à sa mère de la nouvelle position d'Henri.

En apprenant ces diverses circonstances, la

mère Bideau, tout en ajournant encore son consentement, laissa voir clairement qu'on l'obtiendrait.

Dès lors, rien n'empêchait les Bernard de prendre une décision, car le père d'Henri avait vendu son fonds de menuiserie et, sans se faire prier, il s'était décidé à venir vivre avec son fils et sa bru.

Le nouveau contre-maître avait reçu de monsieur Vermansin 200 fr. de gratification à l'occasion de sa vingt-cinquième année de reliure.

En présence de cette générosité, Henri et Julie se décidèrent à prendre une des maisons appartenant à monsieur Bidard, car maintenant ils pouvaient, sans imprudence, prélever 200 fr. sur leur réserve ; d'autant plus facilement que, pour ne pas affliger le vieux menuisier, ils avaient dû accepter qu'il versât 20 fr. par mois « pour sa part, disait-il, de la dépense du ménage. »

Une circonstance heureuse favorisa nos

jeunes amis. Leur propriétaire actuel venait de vendre leur maisonnette et celle de la vieille Jeanneton, et son successeur, voulant faire abattre les deux maisons, ne demandait pas mieux de résilier leur bail.

Rien ne s'opposait donc à ce qu'ils quittassent, forcés par les circonstances, mais non sans regrets, l'humble logis où ils avaient passé neuf années si calmes et si heureuses.

Les choses allèrent rondement. Le 15 octobre suivant, monsieur et madame Bernard, leurs enfants et les grands parents étaient installés dans la jolie maison si claire, si gaie et entourée d'un jardin où les arbres à fruits, nombreux et en plein rapport, augmenteraient grandement les ressources du ménage.

Julie était ravie de sa nouvelle habitation et de la grande cuisine, qui pouvait servir de lieu de réunion pour la famille, car les chambres à coucher étaient étroites. Près de la sienne était celle de ses trois filles; le grand-père avait pris Jules avec lui, et la mère

Bideau, qui aimait beaucoup la vieille Jeanneton, avait absolument voulu que la paralytique partageât l'appartement qu'on lui avait destiné, « ben trop large, disait-elle, pour une paysanne comme elle. »

Mais la protégée de Julie n'avait pas consenti sans difficulté et il avait fallu, pour vaincre sa résistance, accepter 2 fr. par mois, pris sur le maigre produit du travail de la pauvre et digne créature.

Quant à la vieille fermière, elle avait apporté ses poules et ses pigeons. Souvent elle avait conseillé à sa fille d'en élever quelques-uns ; mais celle-ci, douée de beaucoup de bon sens, avait toujours refusé n'ayant pas le temps de donner les soins nécessaires à ces volatiles.

Maintenant il en était autrement ; la mère Bideau devant s'en occuper, il eût été déraisonnable de refuser le profit certain qui devait résulter de l'emploi et de la vente de ces animaux.

Près de la buanderie, si commodément aménagée et située au fond du jardin, le vieux menuisier avait construit un pigeonnier, avec quelques planches découpées avec goût et adresse, non loin du poulailler; celui-ci entouré d'un grillage, fourni à très bon compte, par un ouvrier grillageur à qui Henri avait rendu quelques services.

Tout allait donc au mieux et la question d'argent devenait, chaque jour, moins effrayante qu'on ne l'avait craint tout d'abord.

Le jeune père de famille et sa laborieuse femme voulurent cependant en avoir la certitude et un dimanche soir, quand toute la famille fut endormie, le contre-maître dit tout à coup:

— Julie, te rappelles-tu le soir où, mariés depuis trois jours, nous avions si bien arrangé notre budget que nous n'avons pas trop mal mené notre barque? Il me semble qu'aujourd'hui, où nos dépenses, et aussi nos ressources, ont augmenté, nous ne ferions pas mal d'en faire autant.

— C'est bien mon avis, répondit la jeune femme, remettons-nous donc à nos calculs,

Et, de même que neuf années plus tôt, elle apporta à son mari tout ce qu'il fallait pour écrire.

— Procédons par ordre, ma petite femme.
Le relieur prit sa plume.

— Je gagne, à l'heure qu'il est, 200 fr. par mois; et toi ?

— Moi je prendrai une ouvrière et une apprentie et mon bénéfice ne sera pas au-dessous de 100 fr. par mois, puisque j'en gagnais déjà une soixantaine et il y aura en plus, en dehors des produits du jardin, celui des volailles.

— Très bien; mais il faudra dépenser pour les nourrir.

— Oui, certainement. Ma mère vendra un coq et deux vieilles poules; avec l'argent qu'elle en retirera elle achètera le grain, le riz, l'orge et le sarrasin (¹) pour les nourrir; chaque mois nous ferons les comptes et

---

(¹) Appelé blé noir dans quelques provinces.

nous aurons pour bénéfice ce qui restera sur la vente des œufs et de la volaille, après les dépenses du poulailler et notre consommation.

— Tu as raison ; mais nous n'avons de certain que tes gains et les miens, il faut donc régler nos dépenses sur 300 fr. par mois.

— 322 fr., car nous avons, en plus, les 20 fr. de ton père et les 2 fr. de la pauvre Jeanneton.

— C'est ennuyeux d'accepter cet argent...

— Il est vrai, mais aussi ils se regarderont comme chez eux. Ce sera la même chose pour ma mère, avec le produit de son poulailler et de ses pigeons, qui sera vraiment bien à elle. Au moins nos chers vieillards ne se croiront pas à notre charge ; mais revenons à nos comptes, si tu le veux bien, Henri ?

— Nous avons donc 322 fr. de revenu ; et nos dépenses, Julie ? il faut aussi en faire le calcul par mois.

— Il est certain que c'est indispensable.

Loyer.........................	25f	»
Assurance nouvelle.............	»	40
Société de secours mutuels.......	3	»
Chauffage et éclairage..........	15	»
Livrets des enfants.............	1	»
Entretien des enfants et le nôtre, en moyenne.....................	50	»
Total........	94f	40

— Il nous faut bien, n'est-ce pas, en moyenne, 50 fr. pour l'entretien de nous tous et surtout pour la chaussure?

— Hélas! oui, et pourtant j'emploie pour les vêtements jusqu'au plus petit morceau; mais douze pieds à chausser, c'est beaucoup.

— Oui, c'est beaucoup. Voici l'addition des dépenses que tu prévois: 94 fr. 40 c., mais nous pouvons avoir fait quelque oubli; il ne faut donc compter, pour la nourriture, que sur 200 fr., et sans aucune réserve, ma pauvre femme.

— Il est certain qu'il ne faudra pas débourser

un centime mal à propos ; mais aussi j'ai de l'expérience maintenant ! Je ne mettrais plus une côtelette de mouton de 0 fr. 50 c. par personne, comme à notre premier dîner, te le rappelles-tu ?

Tous deux s'égayèrent à ce souvenir et Julie assura que les produits du jardin aidant, elle ferait encore quelques économies sur les dépenses de nourriture.

— Les économies viendront, si elles le peuvent, dit Henri ; l'essentiel, c'est de ne plus écorner notre réserve, à présent que nous avons retiré les 200 fr. pour monsieur Bidard.

— Nous tâcherons. Il ne faut pas se décourager ; tu sais bien que Dieu nous a toujours aidés ; il ne nous abandonnera pas, maintenant que la famille s'est augmentée.

— Je l'espère, grâce à ton courage, ma brave petite femme.

Quelques semaines plus tard, c'était un samedi : Anna Fargon, que nous avons perdue de vue depuis longtemps, arriva tout à coup au nouveau logis de sa cousine.

Elle n'avait que bien peu suivi les conseils et l'exemple de madame Bernard ; cependant elle faisait moins de dépenses inutiles, travaillait davantage ; son mari l'imitait et grâce à l'influence bien réelle de Julie sur sa cousine, qui venait souvent lui raconter ses ennuis, tout allait un peu moins mal que jadis chez ces braves gens, si étourdis et peu intelligents.

En entrant, Anna s'écria, avec son inconséquence habituelle :

— Comment Julie, c'est encore toi qui prépare le souper, maintenant que ta mère demeure ici !

— Pourquoi ne le ferais-je pas ?

— Pourquoi, mais parce que, parce que...

— Allons, Anna, ne crains pas de l'expliquer, pourquoi ne ferais-je plus la cuisine ?

— Je pensais, répondit-elle, avec hésitation, que ta mère te remplaçait et que tu ne faisais plus que broder.

— D'abord je ne brode presque plus, le temps me manque ; j'ai, comme blanchisseuse, un si grand nombre de clientes, surtout depuis que je fais le tuyautage à la paille ; et puis, je n'ai pas pris ma pauvre mère avec moi pour en faire une servante.

— Elle s'occupe bien du poulailler et du pigeonnier.

— Ce n'est pas la même chose ; elle a l'habitude de ces occupations qui lui sont agréables ; mais je ne la laisserais certainement pas se fatiguer autour du fourneau, pendant que je ferais la *dame,* comme tu disais autrefois.

— Quelle drôle de femme tu fais, ma chère. Tiens, dit-elle, en se retournant, en voilà bien d'une autre ; c'est Rosette qui lave les pieds de l'oncle Bernard.

Elle venait d'apercevoir sa petite cousine Rose qui, à genoux, devant son grand-père, lui lavait les pieds avec une éponge.

— Chut, dit madame Bernard, à voix basse, en mettant un doigt sur sa bouche, ne t'étonne pas de ce que Rose soigne mon beau-père. Le pauvre vieux se courbe difficilement ; c'est le devoir de ses petits enfants de lui éviter cette fatigue et de lui faire la vie douce, ainsi qu'à leur grand'mère.

— Tu as toujours été autrement que les autres, ma pauvre cousine ; jamais tu n'as eu de bon temps.

— Qu'appelles-tu avoir du bon temps ?

— Se reposer, se promener, être heureuse enfin.

— Je me repose la nuit, je me promène le dimanche, et je me trouve très heureuse, je te l'assure, quand je vois tout mon monde joyeux et bien portant.

— Regarde donc, dit Anna, changeant brusquement de conversation et jetant sur la table un flot de rubans de toutes les couleurs, en montrant, en même temps à Julie, une demi-douzaine de broches en cuivre doré, ou plutôt verni, avec des morceaux de verres de couleur, voulant imiter les pierres fines.

— Que feras-tu de toutes ces emplettes ?

— Le fait est que je n'en ai pas besoin ; mais ces bijoux sont si jolis et si bien montés ! Figure-toi que chaque broche coûte seulement 0 fr. 20 c.; c'est pour rien ; c'est pas ça qui me ruinera ; il faut bien profiter des bons marchés, c'est pourquoi j'ai acheté les rubans pour quand il m'en faudra. Regarde : tout ça pour 3 fr. J'en ai au moins douze mètres.

— C'est encore trop cher, puisqu'ils ne te sont pas utiles, en ce moment. Crois-moi, ma chère cousine, rien ne fait dépenser autant d'argent que les occasions. Voilà plus de 4 fr. d'emplettes qui ne te serviront à rien ; et ces 4 fr. te manqueront peut-être beaucoup pour attendre la paye de ton mari.

— C'est bien possible....

— Vois-tu, ma chère Anna, il ne faut jamais acheter un objet dont on peut se passer, ne coûterait-il que 0 fr. 05 c. Et, quant aux bijoux, je n'aime guère toute cette cuivrerie.

On se passe de dorures quand on ne peut pas en avoir de vraies.

— Tu dis cela parce que tu as une belle montre en or et le reste. Ne te fâches pas, ajouta-t-elle vivement, en voyant la physionomie de sa cousine s'assombrir ; tu sais que je t'aime et que je voudrais bien te ressembler.

— Je n'ai pas d'autre mérite que celui d'avoir suivi les bons conseils qu'on m'a donnés.

— Ça ne t'empêche pas de profiter des occasions, poursuivit-elle ; car elle était incorrigible.

— Sans doute, quand j'ai besoin d'un ruban ou d'une dentelle, je les achète de préférence où le prix en est le moins élevé ; mais cela m'arrive rarement, car je ne fais jamais d'emplette sans m'assurer que je n'ai rien dans la maison qui puisse m'épargner cette dépense.

— Est-ce pour cela que tu nettoies ces vieux rubans lilas ?

— Certainement, ils avaient horriblement rougi et, comme je compte en faire un nœud pour ma capote de négligé, je les trempe dans une lessive légère et je les repasse avec un fer pas trop chaud. Vois comme la couleur est bien revenue, ajouta Julie, qui n'avait pas cessé, tout en causant avec sa cousine, de vaquer à ses occupations.

— Et ceux-là d'un rose fané, vas-tu aussi les ressusciter ?

— Certainement, en passant dessus rapidement un petit pinceau trempé dans de l'alcali (¹) à peine mélangé d'eau ; ils serviront très bien ensuite pour attacher les cheveux de mes filles.

— Des rubans neufs ne te coûteraient pas plus cher que ces nettoyages.

— Si vraiment, car je les repasse en faisant mon souper et la dépense de l'alcali est insignifiante.

— Tu es une vraie fée ; je te l'ai dit, il y a bien longtemps. Tiens, prends ces rubans dont

(¹) Ammoniaque liquide.

je n'ai que faire, poursuivit-elle, en les tendant à Julie ; ils te serviront pour tes filles.

— Merci, elles ont ce qu'il leur faut pour l'instant. Tu es fort adroite ; puisqu'ils te sont inutiles, fais-en quelques jolis ouvrages pour l'arbre de Noël, que madame Vermansin prépare pour tous les enfants de ton quartier.

— Tu es bien fière, cousine ; mais tu as raison pour l'arbre de Noël. Ah ! si je t'avais toujours avec moi, je ne ferais jamais de bêtises ; mais, toute seule, je ne suis bonne à rien.

Julie sourit, mais ne répondit pas, car Rosette, après avoir terminé la toilette du grand-père, était allée au jardin et elle rapportait un gros bouquet de dahlias, deux belles poires et deux œufs tout frais pondus.

— C'est pour vous, cousine, de la part de grand'mère.

— Merci, ma petite fille, et, se retournant vers madame Bernard : c'est donc ta mère qui est la maîtresse maintenant ?

— Tout autant que moi, pauvre mère. Elle travaille assez au jardin pour faire ce qui lui plaît de ce qu'elle cultive.

Madame Fargon allait répliquer avec sa légèreté ordinaire; mais son attention fut attirée par l'attitude de sa cousine, qui remuait une cuiller dans un petit bassin de cuivre placé sur le fourneau.

— Que fricottes-tu là dedans ? Est-ce que c'est votre souper ?

— Non, nous avons un pigeon avec une sauce aux oignons ; c'est la bouillie de grand'-mère, qui ne pourrait pas s'habituer à la nourriture de la ville.

— Tu es plus qu'une fée, tu es une vraie sainte, ma pauvre Julie. Une vraie martyre, plutôt.

— Je n'en ai pas l'air, dit la jeune blanchisseuse, en éclatant de rire.

Elle était, en effet, fraîche comme une rose et encore bien jolie avec ses bras nus jusqu'aux coudes et son grand tablier blanc cachant, en partie, sa robe de toile à carreaux gris et bleus, qui n'était plus neuve, mais si proprette et si bien repassée.

Anna rit aussi et appela Rosette pour lui apprendre une chanson ; mais l'enfant toute sérieuse, lui répondit qu'il fallait qu'elle allât aider sa grand'mère à coucher les poules et les pigeons, pour être prête ensuite à servir la soupe de la mère Jeanneton.

— Ah ! que vous êtes donc drôles tous tant que vous êtes ! Bonsoir, bonsoir. Mon homme va me tarabuster, car je suis en retard. Bonsoir, la compagnie. Au revoir, oncle Bernard. Merci à vous, mère Bideau, cria-t-elle de la porte.

Julie se sentit soulagée après son départ ; l'enfantillage de sa cousine la fatiguait, malgré qu'elle la supportât avec une grande indulgence ; et, comme son beau-père lui en faisait ses compliments, elle répondit en lui demandant s'il voulait ses œufs à la coque ou fricassés, puis elle ajouta :

— J'ai bien du mérite vraiment à être patiente, quand vous êtes tous si bons pour moi.

CONCLUSION.

Onze ans se sont écoulés depuis que les Bernard se sont établis dans leur nouvelle habitation. Les enfants ont été malades à plusieurs reprises ; Henri a été victime d'un assez grave accident ; grand'mère a souffert de ses rhumatismes, le père Bernard de sa goutte, la vieille Jeanneton est plus paralysée que jamais ; seule, Julie, malgré de fréquents malaises, toujours surmontés par son invincible courage, n'a jamais gardé le lit.

Grâce à l'excellente conduite de son mari, à l'ordre et au travail de notre jeune amie, les pertes d'argent, les maladies n'ont pas eu de graves conséquences, et leur existence, comme leur habitation, est restée calme, confortable et gaie.

Nous ne pouvons guère jouir, en ce moment, de la vue de la maison et du jardin ; nous sommes à la fin de novembre et il fait nuit close, bien qu'il soit à peine sept heures.

Suivons Henri qui franchit, à grands pas, la distance qui sépare l'atelier de son logis, car le bonheur et le bien-être l'attendent dans ce petit coin du faubourg.

Pénétrons avec lui dans la grande cuisine, si joyeusement éclairée par la lampe suspendue au plafond. Sur le fourneau, qui répand dans toute la pièce une douce chaleur, bouillonne le pot-au-feu, lequel doit être excellent si l'on en juge par le parfum qu'il exhale.

De chaque côté s'étalent, sur la blanche muraille, des casseroles étincelantes de propreté.

Non loin de ce poêle, noir comme de l'ébène, le vieux père Bernard est étendu sur une sorte de lit de repos, qu'il avait jadis fabriqué lui-même pour Jeanneton, à l'aide de vieilles caisses et de chaises hors de service ; quant à la pauvre vieille, elle ne peut plus quitter son lit.

Près du vieillard, grand'mère file sa quenouille et s'arrête, de temps en temps, pour échanger quelques mots avec son compagnon, ou pour adresser une gronderie à l'un des enfants ; car elle est devenue grincheuse, la pauvre chère vieille ! ce qui ne fait oublier, à aucun des membres de la famille, sa bonté si réelle.

Debout, devant la longue table à repasser, occupant un des côtés de la cuisine, Julie, qui n'est plus la jeune madame Bernard, quoique encore fraîche et vigoureuse malgré ses quarante-cinq ans, se hâte de terminer le tuyautage de quelques objets de lingerie.

Au milieu de l'appartement, une grande table ronde remplace l'ancienne table carrée, devenue trop petite et reléguée maintenant près du fourneau, où elle sert à préparer les légumes et les viandes pour la cuisson.

Assise près de la table ronde, Rosette, devenue une belle et sérieuse fille de dix-huit ans, relève, avec un gros crochet d'ivoire, une magnifique dentelle, que la femme du Préfet a confiée à sa mère pour la blanchir.

Elle s'interrompt parfois pour admirer affectueusement le dessin de son frère qui fait un projet de crédence artistique, car Jules vient de terminer son apprentissage de ménuisier, en meubles de style, et il veut prendre part à l'exposition des arts décoratifs.

Près de Rose, la petite Joséphine, qui a bientôt accompli sa douzième année, s'essaie à faire une reprise perdue dans un tablier, en attendant qu'elle soit l'émule de l'habile ravaudeuse, voisine et amie de sa mère, et dont la fillette est devenue la docile apprentie.

Une robe inachevée est jetée sur une chaise, non loin de Jules ; c'est l'ouvrage d'Henriette qui, depuis deux ans, est l'élève d'une couturière de talent, qui ne cesse de faire l'éloge de son goût et de son assiduité au travail.

En ce moment, Yette a quitté sa place habituelle, car c'est à son tour de servir la soupe de la mère Jeanneton dont l'état de souffrance ne peut attendre l'heure du souper.

La porte donnant sur le jardin s'ouvre vivement sous la main d'Henri. Les jeunes filles accourent au-devant de leur père, en se disputant son baiser d'arrivée et Jules, qui l'a débarrassé de son pardessus, lui présente un siège.

Pendant qu'il dit un respectueux bonsoir aux vieux parents et qu'il embrasse sa femme, Rose porte dans sa chambrette la précieuse dentelle et prépare la soupe, tandis que Yette et Fine, aidées de leur frère, toujours fort complaisant pour ses sœurs, débarrassent la table et mettent le couvert.

Madame Bernard ayant fini son tuyautage, s'avançait vers le fourneau. Rosette la prévint :

— Mère, vous savez que la cuisine n'est plus

votre affaire. Vous avez pris assez de peine pour faire de moi une bonne cuisinière, n'est-ce pas, grand'mère? ajouta-t-elle avec un charmant sourire, n'est-ce pas que votre petite fille fait de bonne bouillie ?

— T'es ben d'âge à faire le fricot, pardienne !

— Oh ! oui, grand'mère, répliqua-t-elle d'un air de bonne humeur, car leur mère avait appris à ses enfants, par son propre exemple, à supporter aimablement les boutades des grands parents.

En attendant que le souper fût servi, madame Bernard prit un tricot et s'assit près de son beau-père, entre sa mère et son mari.

-- Julie, te rappelles-tu la mère Costel, notre ancienne voisine, dit tout à coup Henri?

— Oui, très bien. Il y a deux ou trois ans qu'elle ne vient plus m'emprunter de légumes. Elle a probablement changé de quartier.

— Elle demeure maintenant dans la même rue que la cousine Anna : son mari a été tué, ces jours derniers, dans le chantier où il travaillait, par l'explosion d'une chaudière ; et, quoiqu'elle ait trois fils, dont le plus jeune a fait son service militaire, elle n'aurait pas eu un centime pour rendre les derniers devoirs au pauvre Costel, si son patron ne s'était pas chargé de tous les frais, vu la cause de sa mort.

— Il était bon ouvrier cependant et gagnait de belles quinzaines, il me semble ?

— Fort belles.

— Oui, dit le vieux grand-père, en fermant le livre de voyages que lui avait prêté monsieur Espinget ; mais l'ivrognerie, le désordre et la paresse épuiseraient une mine d'or.

— Vous avez ben raison, père Bernard, répliqua grand'mère : « *Tant va la cruche à l'eau, qu'à la fin elle se brise.* »

— Et la veuve, demanda Julie, que fait-elle ?

— Je ne sais trop ; pas grand'chose de bon, je crois.

Rosette interrompit la conversation, en priant sa mère de se mettre à table.

Celle-ci se leva, en jetant dans sa corbeille la genouillère qu'elle tricotait pour le vieux Bernard et qui s'était enrichie de bon nombre de mailles durant ces quelques minutes.

Jules, aidé par son père, approcha, tout près de la table, le lit de repos du pauvre goutteux et l'y assit en l'appuyant contre une pile de coussins, dont la plume avait été fournie par les volailles de la mère Bideau et dont les housses avaient été faites par Henriette, qui avait imaginé de couper, en bandes étroites, les vieux vêtements qui ne pouvaient plus être réparés, ni même effilés, et de les tricoter avec de grosses aiguilles de bois, présent et travail de son grand-père.

Un grand tapis, tissu par le même système et bourré de foin, garnit le dessous de la table et réchauffe les pieds des convives.

Comme toujours le repas est très simple, mais excellent ; on le mange avec un joyeux entrain, car c'est aujourd'hui samedi et le lendemain, si le temps le permet, on fera une belle et longue promenade. S'il pleut, on aura la ressource de la visite aux musées et, pour celle qui sera de garde, la lecture de charmants volumes amusants et instructifs.

En attendant, on soupe et on cause sans se hâter, car tout le travail pressé est terminé et, le matin même, le chef de la famille a versé, en échange de l'acte de propriété, les 200 fr. qui achèvent le paiement de la maison.

L'atelier de blanchisseuse de fin de madame Bernard était devenu une source de grands profits. Sur la demande de sa fille Rose, elle avait joint, au blanchissage du linge, le nettoyage et la réparation des dentelles noires et blanches et des gants.

Elle avait même consenti à donner les mêmes soins aux robes et autres vêtements, lorsque l'apprentissage d'Henriette serait complètement terminé.

Déjà le hangar que son mari lui avait construit avec l'aide de son père et de Jules, sur un petit terrain contigu au jardin, était devenu trop étroit. Il fallait aviser, car elle allait être obligée d'augmenter son personnel d'ouvrières et d'apprenties.

L'entrée de la maison de madame Bernard était fort recherchée par les mères de famille, parce qu'elle ne faisait faire aucun autre service à ses apprenties que celui de l'atelier et qu'elle leur apprenait consciencieusement leur état.

Grâce à l'activité et à l'ordre de Julie, à la sobriété et au labeur d'Henri, onze années avaient suffi au père et à la mère de famille, pour devenir propriétaires de « *la Maison des Roses,* » comme on l'appelait dans le voisinage, parce qu'un magnifique rosier des quatre saisons laissait retomber, sur le mur extérieur, quelques-unes de ses belles fleurs.

Henri Bernard, qui n'a pas encore cinquante ans et a conservé toute sa vigueur, espère bien, si Dieu lui prête vie quelques années encore, laisser, au moins mille francs, à chacun de ses enfants.

De plus, chacun d'eux a son livret à la Caisse d'épargne, car le versement mensuel n'a jamais été interrompu et les deux aînés, Rose et Jules, placent, chaque année, en leur nom personnel, par ordre de leurs parents, la moitié de leur gain ; l'autre moitié reste pour le ménage.

Tous sont heureux dans la Maison des Roses, car l'ordre, le travail et l'amour ont amené la paix, le bien-être et le bonheur.

RELEVÉ DES DÉPENSES DE NOURRITURE
D'HENRI ET JULIE BERNARD
DURANT LE MOIS DE SEPTEMBRE 18..

						PAR MOIS.	
PAR JOUR.	» f	60 c	Pain, 40 kilogrammes à.............	» f	45	18 f	» c
...	»	22	Lait, 26 litres................	»	25	6	60
...	»	43	Viande de boucherie (7k,500).........	1	70	12	90
...	»	16	Beurre (1k,500)	3	20	4	80
...	»	03	Graisse (500 grammes)...........	1	80	»	90
...	»	06	2 douzaines œufs......	»	90	1	80
...	»	08	Charcuterie et poisson............	»	»	2	40
...	»	15	Légumes et fruits................	»	»	4	50
...	»	»	Épiceries .... { Sucre (1 kilo)............	»	95	»	»
—	»	»	Sel (1 kilo).............	»	20	»	»
—	»	»	Poivre	»	25	»	»
—	»	»	Cassonade (250 grammes à 1 fr.)	»	25	»	»
—	»	»	Café ou brûlé............	1	»	»	»
...	»	11	Huile et vinaigre............	»	65	3	30
—	»	8	Vin, 4 litres à.............	»	60	2	40
...	»	4	Bière, 4 litres à....	»	30	1	20
Total de chaque jour...	1 f	96 c					
Par trente jours...	58	80	Total égal à celui ci-contre......			58 f	80 c

NOTE DE JULIE

JOINTE A LA PAGE DU CAHIER DE DÉPENSES,

———

Madame Bernard pric de remarquer : qu'ayant économisé quatre centimes, par jour, sur les 2 fr. destinés à la dépense de nourriture, ces quatre centimes, ou 1 fr. 20 c. par mois, mis à part, lui ont fait, à la fin de l'année, une réserve de 14 fr. 40 c. pour parer à la nourriture des cinq jours en plus ; la dépense du mois n'ayant été calculée que sur 30 jours.

Comme elle n'a dépensé, pour chacun de ces jours, que 2 fr., il lui est encore resté 4 fr. 40 c. économisés sur la dépense de l'année.

Dans le premier mois, la moitié des provisions d'épiceries n'ayant pas été consommée, madame Bernard a pu donner, le second mois, à son mari, deux litres de vin de plus. Cette quantité peut paraître encore insuffisante; mais leurs ressources ne leur permettaient pas de faire mieux.

L'été qui suivit son mariage, Julie fit de la bière et du cidre avec les recettes données dans le second cahier de madame Espinget.

Ces boissons agréables et fort saines, qui ne lui étaient pas revenues à plus de cinq ou six centimes le litre, n'ayant pas augmenté ses dépenses, ont permis à son mari d'avoir deux litres de bon vin à sa disposition, chaque mois, pour boire à la fin des repas.

Henri Bernard ne consommant jamais ni rhum ni eau-de-vie, sa femme a pu employer ses 4 fr. 40 c. d'économies à préparer deux carafons de liqueur de prunelles et d'écorces d'oranges, qui lui ont procuré le plaisir de faire une politesse à l'occasion.

Elle a eu aussi quelques autres diminutions de dépenses, son jardin lui fournissant des légumes; mais cette différence a servi à augmenter un peu la quantité de viande.

PREMIER CAHIER

REMIS A JULIE BERNARD

PAR MADAME ESPINGET.

EMPLOI DES LESSIVEUSES.

Versez dans la lessiveuse 20 litres d'eau; ajoutez : 1 kilo de cristaux de soude, fondus dans de l'eau bouillante; allumez le feu, et, dès que le liquide est chaud, plongez le linge sale dedans, en le pressant et en le tordant, de temps en temps, afin qu'il soit bien mouillé dans toutes ses parties.

Quand la cuve est remplie, fermez le couvercle et activez le feu de façon que bientôt on voit une espèce de vapeur sortir autour du couvercle.

Laissez alors éteindre le feu ; mais ne retirez le linge qu'après douze heures.

Passez-le à l'eau froide à différentes reprises ; tordez-le légèrement ; mettez-le à égoutter ; puis, étendez-le sur des cordes ; en plein air, si vous le pouvez, mais ne l'attachez jamais qu'avec des pinces ou épingles en bois.

PROCÉDÉ DE BLANCHISSAGE PROMPT, ET ÉCONOMIQUE.

Faites fondre, sur le feu, 125 grammes de savon dans 6 litres d'eau ; retirez du feu et ajoutez : 15 grammes d'essence de térébenthine. Remuez le mélange avec une baguette et versez-le, encore chaud, sur le linge à nettoyer ; laissez ce linge tremper pendant vingt-quatre heures.

Retirez-le ; frottez-le doucement avec les mains et rincez-le dans de l'eau pure, plusieurs fois de suite.

Quand le linge est parfaitement net, passez-le

dans une eau de bleu, plus ou moins foncée, selon votre goût ; quand il sera sec, sa blancheur sera éblouissante.

BLANCHISSAGE DE LA FLANELLE.

Faites de la colle avec deux cuillerées de farine de froment et deux litres d'eau.

Versez la moitié de cette colle sur la flanelle ; laissez un peu refroidir, puis frottez la flanelle, comme si vous la savonniez.

Rincez dans de l'eau pure, versez sur la flanelle l'autre moitié de la colle ; frottez bien et rincez, encore à l'eau pure, un grand nombre de fois.

Faites sécher à l'ombre.

La colle de farine se fait en versant d'une main, *très doucement,* de l'eau froide sur la farine, tandis que, de l'autre main, on remue avec une cuillère de bois.

Quand le mélange est délayé, sans grumeaux,

on met la casserole sur le feu et on mêle jusqu'à ce que l'eau bouille.

BLANCHISSAGE DES DENTELLES BLANCHES, EN FIL.

Après avoir décousu les dentelles de l'objet qu'elles garnissent, on les repasse avec un fer *peu chaud;* on les plie avec soin sur une longueur qui ne doit pas être de moins de dix centimètres. Passez, à grands points, un fil fin en haut et en bas. Renfermez-les ensuite dans un petit sac de toile fine, dont vous cousez l'ouverture.

Mettez ce sac dans de l'huile d'olive pure, et laissez la dentelle vingt-quatre heures dans ce bain.

Le lendemain, préparez une eau de savon très épaisse; mettez-la sur le feu et, quand elle sera bouillante, plongez-y les dentelles, toujours renfermées dans le sac; laissez quinze minutes dans ce nouveau bain.

Rincez alors, à plusieurs reprises, à l'eau tiède, jusqu'à ce que l'eau soit parfaitement claire. Passez ensuite la dentelle dans une dernière eau, que vous avez légèrement amidonnée.

Retirez maintenant les dentelles du petit sac avec de grandes précautions ; enlevez le fil ; repassez-les avec soin, et, pour achever de les sécher, étendez-les sur la table à repasser, en les maintenant avec des épingles très fines.

Quand elles sont parfaitement sèches, on enlève les épingles et on creuse doucement, chaque fleur, *du côté de l'endroit,* avec un crochet en ivoire.

Le blanchissage des dentelles est le plus délicat de tous les nettoyages ; il exige des soins minutieux, vu la fragilité de leur tissu et leur grande valeur.

NETTOYAGE DES DENTELLES NOIRES, EN SOIE.

Frottez-les doucement dans du lait caillé,

ou dans du café noir très fort, ou encore dans de la bière, ou de l'alcool. Tous ces moyens sont bons.

Quel que soit celui que vous avez choisi, quand la dentelle est nettoyée, pressez-la fortement, sans la *tordre, ni la rincer;* essorez-la dans du linge et repassez-la, encore humide, avec des fers médiocrement chauds.

NETTOYAGE DES DENTELLES NOIRES, EN LAINE.

Jetez un litre d'eau bouillante sur trois poignées d'oseille fraîche.

Après vingt minutes d'infusion, passez cette eau et partagez-la en deux parties.

Frottez la dentelle de laine dans la première partie de l'eau; rincez dans ce qui vous reste; faites-la bien égoutter, sans la tordre.

Essorez dans des serviettes et repassez humide.

NETTOYAGE DES BLONDES OU DENTELLES BLANCHES, EN SOIE.

Renfermez-les dans un petit sac, comme celles de fil ; savonnez-les dans de l'eau tiède. Rincez-les dans de l'eau pure.

Sortez-les du sac et empesez très légèrement avec de l'eau, dans laquelle vous avez fait fondre une pincée de gomme adragant. Essorez-les dans des serviettes et ne les repassez que lorsqu'elles seront presque sèches.

La gomme adragant se vend chez les droguistes et les pharmaciens.

LAVAGE DES BAS DE LAINE.

Une infusion de saponnaire, plante qu'on paie un prix peu élevé chez les herboristes, ou qu'on trouve facilement dans les promenades à la campagne, est excellente pour laver les tricots et les étoffes de laine. Elle leur conserve leur souplesse.

On fait cette infusion en jetant de l'eau bouillante sur la saponnaire, et en laissant infuser jusqu'à ce que l'eau ne soit plus que tiède ; il est temps alors de s'en servir.

NETTOYAGE DES ÉTOFFES DE LAINE NOIRE.

Prenez un verre d'ammoniaque liquide, ou alcali volatil, qui se vend à un prix peu élevé chez les pharmaciens et les droguistes. Mélangez à deux litres d'eau froide.

Etendez l'étoffe à nettoyer sur une table de bois blanc bien lavée, trempez une brosse dans la terrine et frottez l'étoffe dessus et dessous, dans le sens de la lisière. A mesure qu'un morceau sera nettoyé, jetez-le dans une terrine d'eau, *de puits,* si faire se peut.

Quand vous aurez terminé le lavage ; incez l'étoffe nettoyée dans cinq ou six eaux différentes ; mettez à égoutter, sur une corde ; exprimez l'eau, en tenant le lé d'étoffe de la main gauche, tandis qu'avec la droite vous exprimez l'eau, le mieux possible, sans tordre ni froisser.

Essorez dans une serviette, toujours, sans tordre.

Repassez mouillé, avec les fers *très chauds*, du côté qui devra être l'envers de la robe, laquelle sera redevenue d'un beau noir.

NETTOYAGE DES ÉTOFFES DE SOIE.

Prenez : 1/4 de litre d'eau-de-vie.
30 grammes de miel.
30 grammes de savon vert.

Mélangez, à froid, tous ces ingrédients. Plongez dans ce mélange l'étoffe à nettoyer ; étendez chaque morceau sur une table de bois blanc, bien propre, et frottez la soie avec une brosse douce, ou une éponge, dans le sens de la lisière.

Passez ensuite de l'eau pure, dessus et dessous la soie, à l'aide de l'éponge, ou de la brosse bien lavée, et trempez l'étoffe, à plusieurs reprises, dans de l'eau de puits que vous changerez à chaque fois.

Ne tordez pas; mais essorez entre deux serviettes et repassez l'étoffe à moitié sèche.

Si la soierie à nettoyer est d'une nuance claire, employez de l'alcool, du savon blanc et du miel blanc.

NETTOYAGE DES RUBANS DE SOIE NOIRE.

Faites du café noir très fort ; trempez-y une brosse et frottez le ruban dessus et dessous ; asséchez, en tamponnant avec un linge, le ruban bien étendu, à l'envers, sur une table et repassez humide avec un fer chaud.

Si c'est du satin, repassez à l'endroit. Pour le repassage de vos rubans, posez votre fer sur la table, sur l'extrémité du ruban ; retenez-le fortement de la main gauche et tirez le ruban avec la main droite, de façon qu'il passe sous le fer, sans que celui-ci soit soulevé.

REMISE A NEUF DES RUBANS VIOLETS OU LILAS.

Faites bouillir un peu de cendre de bois, passez-la, et plongez les rubans violets ou lilas dans cette eau ; ou bien faites fondre pour 10 centimes de sel de tartre, dans un verre d'eau. Essorez, repassez comme ci-dessus : vos rubans auront repris toute la vivacité de leur couleur.

EMPOIS PARISIEN.

Délayez, à froid, deux cuillérées d'amidon dans un litre d'eau ; faites cuire à feu doux en mêlant jusqu'à ce qu'il bouille ; retirez du feu et ajoutez 10 grammes de cire blanche, en continuant à remuer, avec une baguette de bois blanc, qui ne doit servir qu'à cet usage.

Laissez refroidir : empesez et repassez le linge comme de coutume ; vous serez satisfaite du résultat.

EXCELLENT APPRÊT POUR LES ROBES DE PERCALE ET LES RIDEAUX DE PERSE OU DE CRETONNE.

Délayez dans de l'eau froide, trois cuillerées de fécule de pommes de terre ; mélangez-les, *en tournant toujours,* à deux litres d'eau bouillante ; laissez sur le feu et mêlez, avec une petite baguette, jusqu'à ce que le mélange ait recommencé à bouillir ; faites faire quelques bouillons, passez à travers un linge et servez-vous de cette eau pour empeser les rideaux et les robes, que vous repasserez humides, après les avoir essorés dans des serviettes.

RIDEAUX DE MOUSSELINE.

Pour les rideaux de mousseline, employez l'empois d'amidon préparé à la parisienne ; mais si vous voulez qu'ils aient l'apprêt du neuf, laissez-les sécher à moitié avant de les repasser.

NETTOYAGE DES GANTS D'UNIFORME.

Faites bouillir du son de froment dans de l'eau pendant trente minutes ; tirez-le au clair ; faites fondre un morceau d'alun, gros comme le pouce, dans un verre de cette eau de son ; battez-la en y ajoutant un jaune d'œuf et frottez les gants dans ce mélange jusqu'à ce qu'ils soient très bien nettoyés.

Faites-les sécher, *à l'ombre,* après les avoir essorés entre des linges.

Pendant qu'ils sèchent, étirez-les très souvent et, quand ils seront secs, passez-y le bois à gants à plusieurs reprises.

Pliez-les ensuite comme les gants neufs et mettez-les en presse, durant quelques heures, entre deux feuilles de papier. Sur la dernière vous poserez un objet lourd ; les gants de Suède se nettoient de la même manière.

NETTOYAGE DES GANTS GLACÉS.

Faites fondre du savon blanc dans un peu d'eau, mélangez avec du lait qui *n'ait pas bouilli*, de façon à en faire une pâte.

Étendez les gants sur une serviette pliée en quatre et placée sur une table.

Prenez avec un morceau de flanelle, une petite quantité de cette pâte de savon.

Frottez fortement les gants dans toutes leurs parties et changez l'endroit de la flanelle à mesure qu'il se salit.

Frottez ensuite les gants, dans le sens de la longueur, avec une flanelle trempée dans du lait, mais seulement humide ; prenez une flanelle sèche et frottez de nouveau.

Terminez comme pour les gants d'uniforme en faisant sécher à l'ombre, etc.

DÉGRAISSAGE DES VÊTEMENTS EN DRAP.

Faites fondre 30 grammes de sel de tartre dans un litre d'eau.

Lavez, avec cette eau, toutes les parties sales, en vous servant d'une éponge ou d'une brosse.

Passez de l'eau pure sur les parties nettoyées, asséchez à l'aide d'une serviette, puis finissez de faire sécher à l'ombre et dans un courant d'air.

RÉPARATION DU VELOURS.

Si vous avez du velours qui ait été mouillé ou qui soit défraîchi, mouillez-le à l'envers avec une éponge et tenez-le, *sans qu'il y touche*, au-dessus d'un fer très chaud, jusqu'à ce qu'il soit sec. Les poils du velours se redresseront et il sera remis à neuf.

NETTOYAGE DES CHALES EN LAINE BLANCHE, TRICOTÉS OU AU CROCHET.

Frottez-les *longtemps* avec de la farine de froment ; recommencez, à plusieurs reprises, en frottant fortement à chaque fois.

RÉPARATION DES BUSCS DE CORSET.

Quoique les buscs soient d'un prix peu élevé, l'acquisition, sans cesse renouvelée, de cet objet si facile à rompre, devient une assez lourde dépense.

Mettez-les d'abord soigneusement de côté, lorsque vous les brisez. Quand vous en avez deux, enlevez les agrafes et les boutons et, avant de placer le nouveau busc, ajoutez dessus au moins deux morceaux du busc cassé à l'endroit qui ploie lorsqu'on se baisse, mais de façon à dépasser cette longueur d'au moins 5 centimètres de chaque côté. Enveloppez-le ensuite d'un ruban de fil, comme de coutume, et glissez-le dans la gaine du corset. Les busc auront ainsi une durée indéfinie et ne vous causeront pas la moindre gêne.

Vous pouvez aussi placer de chaque côté (en dessous), une baleine très forte semblable à celles qu'on emploie dans les dos de corset et recouverte également d'un ruban de fil.

MOYEN DE RENDRE LES CHAUSSURES IMPERMÉABLES.

Faites bouillir 1/2 litre d'huile de lin, 125 grammes de suif de mouton, 63 grammes de résine, 20 grammes de cire blanche, mêlez avec une baguette jusqu'à ce que le suif, la cire et la résine soient fondus.

Étendez ce mélange sur les chaussures, à

l'aide d'une brosse ; cet enduit n'ôtera rien à la souplesse du cuir et empêchera l'humidité de le pénétrer.

NETTOYAGE DES PEIGNES.

Prenez quelques aiguillées de gros fil, passez-les dans le dossier d'une chaise, sur laquelle vous appuyez les pieds et passez et repassez le peigne sur ce fil ; toute la poussière en sortira rapidement et vous en achèverez le nettoyage par le procédé suivant.

AUTRE PROCÉDÉ POUR LE MÊME OBJET.

Faites fondre à l'eau bouillante 250 grammes de cristaux de soude. Trempez dans cette eau, encore bouillante, les peignes et les crins des brosses et secouez fortement.

Renouvelez l'opération, toujours dans la même eau, jusqu'à ce que l'objet à nettoyer soit bien net.

Mettez sur une table une serviette pliée en quatre et frappez fortement, sur cette serviette, le peigne ou la brosse pour enlever l'eau du nettoyage.

Essuyez bien et faites sécher au soleil.

ENTRETIEN DES POÊLES ET DES FOURNEAUX EN FONTE.

Mélangez 125 grammes de mine de plomb avec un demi-litre de vinaigre ou d'essence de thérébentine, de façon à en faire une pâte.

Étendez ce mélange sur le poêle, après l'avoir nettoyé ; puis frottez longtemps et fortement avec une brosse ; il deviendra clair comme un miroir.

NETTOYAGE DES VERRES ET DES CRISTAUX.

Les glaces, les verres à vitre et les cristaux se nettoient, le plus souvent, avec du blanc d'Espagne délayé dans de l'eau.

Le nettoyage journalier à l'aide d'un rouleau de papier buvard mouillé est excellent ; mais le plus prompt et le meilleur, si on peut s'en procurer, c'est de frotter vitres et cristaux avec de la pariétaire fraîche et mouillée légèrement.

Cette plante, appelée *Aumure* dans quelques provinces, croît le long des vieux murs.

AUTRE MANIÈRE DE RENDRE LES CHAUSSURES IMPERMÉABLES.

Présentez les chaussures à un feu doux. Quand elles sont chaudes, sans être brûlantes, frottez-les avec du suif de mouton naturel.

Recommencez à plusieurs reprises, jusqu'à ce que la semelle ne puisse plus boire de suif.

ELIXIR D'EUCALYPTUS CONTRE LA FIÈVRE INTERMITTENTE.

Mettez trois feuilles moyennes d'Eucalyptus

à macérer, durant un mois, dans un verre d'eau-de-vie et prenez-en, chaque matin, un petit verre pendant trois jours.

Prenez aussi, pendant un mois, avant le dîner et avant le souper, une tasse de décoction d'Eucalyptus, que vous obtenez en mettant deux feuilles de cet arbre dans deux tasses d'eau bouillante, que vous continuerez à faire bouillir jusqu'à ce que le liquide soit réduit à une tasse.

BAUME BRETON POUR GUÉRIR LES CREVASSES DES MAINS ET DES POIGNETS.

Prenez 50 grammes de beurre dessalé, 30 grammes d'huile d'olive, 30 grammes de cire jaune. Coupez la cire en tout petits morceaux et mettez-la dans un petit pot, ou bol, avec le beurre et l'huile. Placez dans une casserole où vous mettez de l'eau jusqu'à la hauteur de la moitié du pot.

Quand le beurre et la cire seront fondus,

retirez la casserole du feu et battez, avec une petite baguette en bois, jusqu'à ce que ce mélange soit complètement refroidi.

Mettez un peu de ce baume sur chaque crevasse, le soir, en vous couchant ; vous serez promptement guéri.

Recouvrez le pot d'un morceau de toile fortement ficelé afin d'empêcher le baume de rancir, car il peut vous être fort utile pendant tout l'hiver.

LIQUEUR D'ÉCORCES D'ORANGES.

Si vous avez quelques pelures d'oranges, mettez-les dans une cruche, avec un litre d'eau-de-vie, 500 grammes de sucre cassé en très petits morceaux, un morceau de cannelle, quelques clous de girofle et une pincée de safran. Laissez infuser trois mois, passez et mettez en bouteilles.

Cette liqueur est excellente pour l'estomac.

REMÈDE POUR L'INFLAMMATION DES GENCIVES.

Faites bouillir, pendant dix minutes, une poignée de cresson de fontaine *fraîchement cueilli,* dans un demi-litre de lait *bouilli.*

Prenez-en une gorgée et gardez ce liquide, dans la bouche, le plus longtemps possible.

Un instant après, reprenez encore une gorgée de ce lait au cresson et continuez ainsi pendant une demi-heure, cinq à six fois par jour, jusqu'à complète guérison.

Vous obtiendrez, par ce simple traitement, un excellent résultat, même s'il y a un commencement de scorbut.

TABLE PARTICULIÈRE

DU PREMIER CAHIER REMIS A JULIE PAR MADAME ESPINGET.

Emploi des lessiveuses .... Page 175
Blanchissage prompt et économique.............. 176
Blanchissage de la flanelle.................... 177
Blanchissage des dentelles blanches en fil......... 178
Nettoyage des dentelles noires en soie............ 179
Nettoyage des dentelles noires en laine........... 180
Nettoyage des blondes ou dentelles de soie........ 181
Lavage des bas de laine...................... 181
Nettoyage des étoffes de laine noire.............. 182
Nettoyage des étoffes de soie.................. 183
Nettoyage des rubans de soie noire.............. 184
Remise à neuf des rubans violets................ 185
Empois parisien............................ 185
Excellent apprêt pour la percale et la cretonne..... 186
Rideaux de mousseline mis à neuf............... 187
Nettoyage des gants d'uniforme................. 187
Nettoyage des gants glacés.................... 188
Dégraissage des vêtements en drap.............. 189

Réparation du velours.................... Page	189
Nettoyage des châles tricotés en laine blanche.......	190
Réparation des buses de corset...................	190
Moyen de rendre les chaussures imperméables.......	191
Nettoyage des peignes..........................	192
Autre procédé pour le même objet...............	192
Entretien des poêles et des fourneaux en fonte.....	193
Nettoyage des verres et cristaux.................	193
Deuxième manière de rendre les chaussures imperméables	194
Elixir d'Eucalyptus contre la fièvre..............	194
Baume breton pour les crevasses des mains.........	195
Liqueur d'écorces d'oranges....................	196
Remède contre l'inflammation des gencives........	197

DEUXIÈME CAHIER

REMIS A JULIE BERNARD

PAR MADAME ESPINGET.

QUELQUES RECETTES DE CUISINE.

SOUPES AUX RIZ.

Quand l'eau de la marmite est bouillante, jetez-y une cuillerée de riz bien lavé, par personne, et une pincée de sel ; quand le riz sera cuit à votre goût, ajoutez-y, par personne, une pincée d'oseille et un petit oignon, le tout haché menu ; faites faire quelques bouillons et servez.

Quand ce potage est très cuit, il peut parfaitement se passer de beurre ; si vous en mettez, que ce soit *à peine la moitié,* de ce que vous mettriez dans une autre soupe.

Si vous préférez votre potage aux carottes, mettez-les en même temps que le riz, coupées en très petits morceaux, avec un seul gros oignon.

Ces potages, très nourrissants, se servent sans pain.

POT AU FEU MAIGRE A LA BRETONNE.

Mettez à l'eau bouillante, dans la marmite, une grosse carotte, un navet, quatre oignons, deux pommes de terre ; faites roussir un petit morceau de beurre ; versez dessus, en mêlant bien avec une cuillère, un peu d'eau bouillante ; jetez ce mélange dans la marmite, ajoutez très peu de sel, deux grains de poivre et deux clous de girofle, si vous en avez ; faites cuire à petit feu, pendant trois heures, écumez soigneusement et versez, dans la soupière, sur des tranches de pain rassis, cette excellente soupe.

Si vous le voulez, vous pouvez ajouter un chou, à moitié de la cuisson.

SOUPE AU VERMICELLE.

Mettez dans une casserole un morceau de beurre, sel, poivre et la quantité d'eau nécessaire pour votre soupe.

Quand ce mélange est bouillant, mettez-y en le brisant en petits morceaux, une cuillerée de vermicelle, par personne.

Faites cuire plus ou moins épais, selon votre goût et servez sans pain ce potage très nourrissant et qui peut être préparé dans quinze ou vingt minutes au plus.

SOUPE AUX OIGNONS.

Coupez, en tout petits morceaux, un oignon par personne, mettez ces oignons dans une casserole avec du beurre et un peu de farine de froment. Laissez roussir, en remuant de temps en temps. Quand le beurre est roux, pas trop foncé, versez dessus de l'eau bouillante ; salez, et laissez bouillir un quart d'heure. Trempez sur du pain rassis.

POT AU FEU.

Prenez 1 kilo 500 grammes de bœuf ; ficelez-le très serré et attachez-le à l'une des anses de la marmite ; puis remplissez cette marmite de la quantité d'eau froide nécessaire pour faire de la soupe pour trois repas de cinq personnes ; salez très peu et écumez souvent. Quand l'eau bout à gros bouillons, mettez dans la marmite sept ou huit carottes moyennes ; un gros navet, une feuille de céleri, deux gros grains de poivre et un gros oignon piqué de clous de girofle. Pelez vos légumes : légèrement les carottes, mais les navets *très épais*. Laissez bouillir à tout petit feu, pendant au moins cinq heures ; votre bouillon sera très bon si vous veillez à ce que l'ébullition ne cesse pas une minute. Versez dans la soupière sur du pain rassis.

SOUPE AUX HARICOTS SECS.

Mettez à l'eau froide, dans une marmite, 500 grammes de haricots secs, pour cinq personnes (¹); très peu de sel et faites bouillir, à petit feu pendant trois heures. Il faut mettre une fois plus d'eau qu'on veut avoir de bouillon; si les haricots sont de bonne qualité, vous pourrez vous dispenser de mettre du beurre dans ce potage ; si, dans l'hiver, vous voulez avoir de la soupe pour le lendemain et que le lait ne soit pas d'un prix élevé dans la ville que vous habitez, ôtez de la marmite

(¹) Si vous le pouvez, mettez-les dès la veille à tremper dans de l'eau froide, que vous jetterez le lendemain.

la moitié du bouillon et remplacez-le par du lait bouillant.

Versez très bouillant sur le pain rassis, coupé très mince.

SOUPES AUX LÉGUMES VERTS : CHOUX, POIS ET AUTRES.

Quand l'eau bout dans la marmite, jetez-y vos légumes bien épluchés ; salez et mettez le beurre à moitié de la cuisson, et si vous employez du beurre salé, ajoutez en même temps un oignon ; découvrez la marmite quand la soupe est en pleine ébullition et achevez de la cuire ainsi.

SOUPE DE COSSES DE POIS VERTS.

Quand vous avez fait de la soupe de pois verts, conservez les cosses et faites-les bouillir le lendemain dans la marmite, en les mettant à l'eau froide et en ajoutant un oignon.

Lorsqu'elles seront bien cuites, passez le bouillon à travers une passoire, remettez dans la marmite; ajoutez un peu de sel, un petit morceau de beurre et trempez très bouillant.

SOUPE AU LAIT.

Faites bouillir du lait avec une pincée de sel ou un peu de sucre et versez très bouillant sur le pain.

Cette soupe au lait est pour le premier déjeuner. Pour le dîner, il faut mieux la faire en versant le lait bouillant sur un roux fait avec du beurre et une pincée de farine de froment.

SAUCE BLANCHE POUR LE POISSON OU LES LÉGUMES.

Mettez une demi-cuillerée de farine dans une casserole avec la moitié du beurre destiné à votre sauce. Mêlez, sur un feu vif, avec une cuillère de bois, jusqu'à ce que le beurre et la farine soient parfaitement mélangés. Versez alors *très doucement* de l'eau bouillante d'une main et continuez à remuer de l'autre jusqu'à ce que la sauce commence à bouillir ; salez et poivrez et si vous êtes prête à servir, mettez dedans le reste du beurre en tournant toujours jusqu'à ce qu'il soit fondu.

SAUCE AUX OIGNONS.

Mettez un morceau de beurre avec une demi-cuillerée de farine dans une casserole ; mêlez avec la cuillère sur un feu très vif jusqu'à ce que le roux soit d'un beau jaune ; jetez-y alors deux ou trois oignons coupés en petits morceaux ; quand ils sont dorés, mouillez avec de l'eau bouillante ; salez et poivrez ; pendant qu'on mangera la soupe, mettez dans cette sauce la viande que vous voulez réchauffer et ajoutez un filet de vinaigre.

SAUCE AU VIN POUR POISSON, FOIE DE VEAU OU RESTES DE VIANDE.

Faites un roux ; mouillez avec un demi-verre de vin mélangé à un demi-verre d'eau bouillante ; salez et poivrez.

Laissez bouillir, en mêlant, jusqu'à ce que la sauce soit bien liée.

Mettez à cuire ou à réchauffer dedans, ce que vous avez à servir, et si vous avez du pain très dur, faites-le griller au four et mettez-le dans le fond du plat avant d'y verser votre ragoût.

RESTES DE BŒUF ET DE LARD BOUILLI.

Si vous avez quelques restes de bœuf et de lard bouilli, arrangez-les dans un plat qui aille au feu, en mettant une couche de lard et une couche de bœuf ; toujours ainsi jusqu'à ce que le plat soit rempli ; assaisonnez fortement et ajoutez quelques cuillerées de bouillon.

Couvrez et servez dès que les viandes sont très chaudes.

POUDING DE BŒUF ET DE POMMES DE TERRE.

Garnissez le fond d'une petite terrine à pâté d'un peu de saindoux ou de beurre ; placez par dessus des tranches très minces de bœuf cru, puis des tranches de pommes de terre ; sur chaque couche, mettez quelques grains de sel et de poivre et continuez ainsi jusqu'à ce que la terrine soit remplie ; coupez deux oignons bien menus et mettez-en un peu sur chaque couche de viande ; sur la dernière, ajoutez un peu de graisse ou de beurre ; fermez bien hermétiquement avec le couvercle et laissez trois heures au four.

Cette terrine de bœuf est délicieuse et fort saine.

SAUCISSES AUX POMMES.

Quand les pommes sont abondantes et, par

conséquent, à bon marché, préparez des saucisses aux pommes ; ce mets est excellent et très avantageux ; la moitié de ce que vous servez habituellement de saucisses est bien suffisant.

Pelez les pommes et coupez-les en petits morceaux ; mettez-les dans une casserole avec un peu d'eau, une cuillerée de sucre si elles sont acides et un petit morceau de beurre.

Faites-les cuire à petit feu et quand elles sont réduites en marmelade, servez en mettant dessus vos saucisses cuites au four et dont vous avez conservé la sauce pour faire réchauffer, un autre jour, quelques restes de viande.

BŒUF A L'AMÉRICAINE.

Si vous préférez manger froid le bœuf du pot au feu ; quand vous le retirez de la marmite, mettez-le dans un plat creux et recouvrez-le de sel fin. Couvrez le plat et laissez ainsi jusqu'au lendemain.

Le bœuf aura rougi, il sera très ferme et d'un goût délicieux.

POITRINE DE VEAU A LA JARDINIÈRE.

Mettez 300 grammes de poitrine dans une casserole avec un verre d'eau, une couenne de lard, des carottes, des navets, des oignons et deux pommes de terre ; un bouquet garni, deux clous de girofle, un peu de sel et de poivre, une petite côte de céleri, si vous en avez ; couvrez bien et laissez cuire à tout petit feu, pendant trois heures.

PATÉ DE TÊTE DE PORC.

Achetez une demi-tête de porc ; faites-la cuire comme un pot-au-feu ([1]), mais beaucoup plus, de façon que les os se détachent de

---

([1]) Vous pourrez vous servir du bouillon pour faire une excellente soupe aux choux.

la chair; enlevez-les et mettez la viande cuite dans un plat en la coupant par morceaux, excepté l'oreille que vous mettez à part en la laissant entière.

Assaisonnez fortement; étendez l'oreille au fond d'un plat creux et arrangez dessus les morceaux de tête en pressant fortement avec le dos de la main.

Recouvrez d'un linge; mettez dessus une grosse pierre et laissez ainsi pendant vingt-quatre heures.

Ce temps écoulé, renversez le plat sur une assiette en secouant un peu; le pâté se démoulera facilement et vous fera une excellente provision, peu dispendieuse, pour toute la semaine.

POMMES DE TERRE AU FROMAGE.

Si vous mangez souvent du fromage de gruyère, mettez de côté les croûtes et les morceaux trop durs. Quand vous en aurez le temps, râpez ce fromage et même les croûtes, jusqu'à ce qu'elles ne soient plus bonnes qu'à brûler.

Quand vous aurez amassé *au moins* une douzaine de cuillerées de cette râpure, pelez et coupez en tranches *très minces* des pommes de terre crues. Mettez très peu de beurre dans le fond d'un plat creux qui aille au feu; recouvrez ce beurre de fromage râpé, puis de tranches de pommes de terre ; couvrez encore de pommes de terre, de fromage et toujours ainsi tant que vous aurez du fromage. Jetez quelques miettes de beurre sur la dernière couche avec deux cuillerées d'eau bouillante et quelques grains de poivre.

Placez votre plat au four. Dans vingt minutes le fromage sera fondu et lié, les pommes de terre cuites et vous aurez un très bon mets, très économique.

ŒUFS AU LAIT.

Faites bouillir une chopine de lait; pendant

ce temps battez, avec un peu de sucre, trois œufs blanc et jaune ; versez dessus le lait bouillant en tournant toujours ; mettez ce mélange dans un plat creux qui aille au feu et faites cuire environ une demi-heure dans le four de votre poêle, pas trop chaud.

RIZ AU LAIT.

Mettez dans un litre de lait quatre cuillerées de riz et une pincée de sel ; placez le tout au four dans un plat creux ou une casserole, sans remuer une seule fois pendant la cuisson ; ôtez, de temps à autre, la peau qui se forme sur le dessus.

Retirez quand il est cuit selon votre goût, et, si vous pouvez vous permettre cette dépense, ajoutez, gros comme deux noix, de beurre que vous mélangerez avec le riz en tournant toujours jusqu'à ce qu'il soit fondu.

Sucrez si vous le voulez.

CONSERVATION DU BEURRE.

Pétrissez fortement dans de l'eau froide, avec une cuillère de bois, le beurre que vous voulez conserver; continuez à pétrir jusqu'à ce que l'eau sorte parfaitement claire. Repétrissez jusqu'à ce qu'il ne reste plus d'eau.

Ensuite étendez le beurre sur votre table de cuisine bien lavée; saupoudrez légèrement de sel fin. Recommencez trois fois jusqu'à ce que le sel soit très bien mélangé avec le beurre.

Prenez des pots de grès, mettez une couche de sel au fond de chaque pot, remplissez et pressez fortement de façon qu'il ne reste aucun vide, mais réservez un peu de place au haut de chaque pot et recouvrez le beurre d'une couche de sel.

Quelques jours après, achevez de remplir chaque pot avec de la saumure, c'est-à-dire de l'eau très fortement salée.

Couvrez d'un linge et d'un gros papier attaché autour du pot par une ficelle.

Finissez toujours d'employer le beurre d'un pot avant d'en commencer un autre.

Quand vous vous servirez de ce beurre pour la soupe, si vous trouvez qu'il est trop salé, mettez en même temps un oignon, le goût fort disparaîtra.

Le beurre destiné à être conservé doit être acheté en septembre ou octobre.

PETITS OIGNONS ET CORNICHONS CONFITS AU VINAIGRE.

Remplissez, à moitié, un grand pot de grès avec du vinaigre très fort. Epluchez soigneusement de petits oignons bien mûrs. Jetez-les dans votre potiche. Prenez ensuite des cornichons moyens, essuyez-les parfaitement avec un torchon de grosse toile et jetez-les aussi dans le vinaigre; joignez (si vous avez un jardin) deux ou trois poignées de graines de capucines mûres, mais bien vertes; une bonne poignée de casse-pierre (si vous demeurez au bord de la mer). Joignez-y une gousse de piment et, si vous voulez, une poignée de haricots verts. Ce mélange sera excellent à manger avec du bœuf bouilli et il vous coûtera beaucoup moins cher que les cornichons que vous achèteriez.

CONFITURE DE PRUNES VIOLETTES.

Achetez des prunes violettes de qualité tout à fait inférieure, elles se vendent fort bon marché.

Enlevez les noyaux et pesez les fruits.

Mettez dans une bassine un kilo de sucre pour deux kilos de prunes et un demi verre d'eau par kilo de sucre. Faites fondre le sucre à feu vif ; quand il est fondu et qu'il a bouilli pendant huit à dix minutes, jetez les prunes dans ce sirop et continuez à mêler, avec un bâton, jusqu'à ce que vos confitures soient réduites de moitié. Faites-les cuire à petit feu et faites bien attention qu'elles ne s'attachent pas à la bassine et qu'elles ne brûlent pas.

Cette confiture, qui revient au plus à 0 fr. 75 c. les 500 grammes, est bien moins coûteuse que le beurre pour les tartines des enfants et elle est, en même temps, excellente et fort saine.

CONFITURES DE MURES DES HAIES.

Ayez soin, dans vos promenades du dimanche, en automne, de recueillir des mûres de haies. Vous les écraserez dans un plat ; vous les passerez dans une passoire fine et vous mettrez, dans une bassine, le jus qui aura coulé sous la passoire.

Vous mettrez aussi dans la bassine 1 kilo de sucre pour deux litres de jus.

Faites cuire sur un feu vif et remuez toujours jusqu'à ce qu'en mettant une cuillerée de cette confiture sur une assiette elle reste ferme quand elle est refroidie.

LIQUEUR DE PRUNELLES DES HAIES.

Récoltez aussi des prunelles des bois ; vers

la fin de l'automne, car il faut qu'elles soient très mûres.

Le lendemain, enlevez soigneusement les feuilles et les pieds ; mettez tous les fruits parfaitement sains, et bien écrasés, avec une cuillère de bois, dans une cruche de grès et versez, par dessus, un litre d'eau-de-vie et 500 grammes de sucre blanc, que vous aurez fait fondre, à l'avance, dans quelques cuillerées d'eau.

Couvrez et laissez vos prunelles tranquilles pendant dix-huit mois ; au bout de ce temps, passez à travers un linge et mettez en bouteilles.

Cette liqueur, qui a goût de vanille, ne vous coûtera pas un prix très élevé et elle vous permettra de faire une politesse à vos visiteurs, dans les grandes circonstances. Il en est de même de celle de cassis, dont voici la recette.

LIQUEUR DE CASSIS.

Prenez 400 grammes de grains de cassis

bien mûrs. Ecrasez-les avec une fourchette et mettez-les dans une cruche de grès, avec deux litres d'eau-de-vie. Trois mois plus tard passez cette liqueur ; remettez-la dans la cruche, bien nettoyée, avec 500 grammes de sucre blanc cassé en petits morceaux ; remuez chaque semaine jusqu'à ce que le sucre soit parfaitement fondu. Passez de nouveau votre liqueur et mettez en bouteilles.

BIÈRE FAITE AVEC LES COSSES DE POIS VERTS.

Mettez des cosses de pois verts dans un chaudron, en versant par dessus assez d'eau froide pour les recouvrir de cinq centimètres ; faites bouillir pendant trois heures ; passez ensuite et remettez le liquide sur le feu en y ajoutant la même quantité de nouvelles cosses que la première fois ; maintenez très chaud, pendant trois heures, sans laisser bouillir.

Au bout des trois heures, passez encore et ajoutez quelques poignées de houblon ou de sauge, mettez dans un baril et laissez fermenter durant vingt ou trente jours.

EXCELLENTE BOISSON POUR APAISER LA SOIF DURANT LES GRANDES CHALEURS OU DANS LES FIÈVRES BILIEUSES.

Mettez dans une cruche une forte cuillerée de miel et un petit verre d'eau-de-vie. Remplissez la cruche avec de l'eau en versant doucement.

Agitez fortement et buvez quand vous le voudrez.

CIDRE ÉCONOMIQUE ET BIEN SUPÉRIEUR A CELUI A BAS PRIX.

Prenez une assez grande quantité de pommes à cidre, écrasez-les dans une barrique ou une cuve en bois.

Recouvrez d'eau ; laissez fermenter pendant au moins trois jours ; plus longtemps si la température est froide. Tirez ensuite cette boisson au clair, et transvasez-la dans un tonneau bien lavé. Mettez à l'endroit de la bonde, *pendant un mois,* une feuille de vigne couverte de sable. Après un mois, bouchez le tonneau avec la bonde.

BIÈRE DE MÉNAGE (FABRICATION ANGLAISE).

Prenez un baril dont la bonde soit bien juste ; mettez-le debout et, près du fond, faites un trou avec une grosse vrille, pour placer un robinet.

Si votre baril contient quarante litres et que vous désiriez que la bière soit forte, versez vingt litres d'eau dans une chaudière, et dès que cette eau est bouillante, jetez dedans 750 grammes de houblon de bonne qualité ; laissez bouillir pendant cinq minutes, tirez le liquide au clair et faites fondre dedans 7 kilos de sucre et un litre de très bonne levure de bière, très fraîche surtout.

Versez le tout dans votre baril ; la fermentation s'établira promptement.

Percez un trou sur le dessus du tonneau. Laissez fermenter pendant vingt ou trente jours. Les quinze derniers il faut mettre un bouchon au trou et l'ouvrir toutes les quarante-huit heures.

Quand le goût sucré a disparu, on fixe solidement le bouchon et, trois jours après, la bière est bonne à boire ou à mettre en bouteilles.

On peut colorer cette bière, si on le désire, avec quelques tranches de pain grillé. Elle s'éclaircit d'elle-même, est très légère à l'estomac et donne une boisson très saine et peu dispendieuse.

Les premiers jours l'écume sortira du tonneau ; mais il ne faut pas s'en effrayer : retenue par les douves du baril, elle y rentrera d'elle-même.

TABLE

DU DEUXIÈME CAHIER DE MADAME ESPINGET.

Soupes au riz........................... Page 201
Pot au feu maigre............................ 202
Soupe de vermicelle au maigre................ 203
Soupe aux oignons............................ 203
Pot au feu................................... 204
Soupe aux haricots secs...................... 205
Soupes aux légumes verts : choux, pois et autres.. 206
Soupe de cosses de pois verts................ 206
Soupe au lait................................ 207
Sauce blanche................................ 207
Sauce aux oignons............................ 208
Sauce au vin................................. 209
Restes de bœuf et de lard bouilli............ 209
Pouding de bœuf et de pommes de terre........ 210
Saucisses aux pommes......................... 210
Bœuf à l'Américaine.......................... 211
Poitrine de veau à la jardinière............. 212
Pâté de tête de porc......................... 212
Pommes de terre au fromage................... 213

Œufs au lait........................ Page	214
Riz au lait................................	215
Conservation du beurre......................	216
Petits oignons et cornichons au vinaigre..........	217
Confiture de prunes violettes...................	218
Confiture de mûres des haies..................	219
Liqueur de prunelles des haies................	219
Liqueur de cassis...........................	220
Bière de cosses de pois verts..................	221
Boisson désaltérante durant la fièvre ou les grandes chaleurs...............................	222
Cidre économique..........................	222
Bière de ménage (procédé anglais)...............	223

CONSEILS GÉNÉRAUX.

Faites toujours les roux en mettant ensemble le beurre et la farine, vous éviterez ainsi le goût âcre et la mauvaise odeur.

Mouillez toutes vos sauces avec le liquide bouillant; la sauce en est meilleure, plus promptement faite et il est toujours facile d'avoir, en faisant sa cuisine, un petit pot rempli d'eau bouillante qu'on maintient chaude.

Quand vous faites le pot au feu, soit maigre, soit à la viande, gardez un petit pot de bouillon, que vous remplacerez, dans la marmite, par de l'eau bouillante; votre soupe n'en sera pas moins bonne et ce bouillon rendra vos sauces bien meilleures que si vous n'y ajoutiez que de l'eau.

Ayez votre pain la veille pour le lendemain, il sera plus sain ; cependant, ne le prenez d'avance que pour un jour ; trop dur il serait peu appétissant, ce qui est un grand inconvénient pour la santé !

Quand les fruits ne sont pas parfaitement mûrs, ou ne sont pas d'une excellente qualité, ne les mangez pas crus.

Les poires et les pommes cuisent très bien dans le four du poêle, en les mettant dans un plat avec un peu d'eau au fond et un peu de sucre si les fruits sont par trop acides.

Quant aux prunes et aux coings, ils font d'excellentes compotes en les plaçant dans une casserole avec de l'eau et un peu de sucre. On les fait bouillir jusqu'à ce qu'il n'y ait que très peu de jus.

Une autre bonne compote aussi, pour l'hiver, est celle des pruneaux secs.

Prenez 250 grammes de prunes sèches à bas prix. Mettez-les à tremper dans de l'eau froide, la veille pour le lendemain. Jetez cette eau. Mettez sur le feu avec un demi-litre d'eau froide et trois ou quatre cuillerées de cassonade. Laissez cuire jusqu'à ce que le noyau se détache du fruit.

Vous aurez un plat fort sain, suffisant pour cinq personnes, sans qu'il vous ait coûté bien cher.

Pour ne pas trop dépenser en faisant la cuisine, il faut apporter la plus grande attention à mettre *tout ce qu'il faut,* afin que ce que vous préparez soit mangé avec appétit et qu'il n'y ait jamais rien de perdu ; mais faites attention aussi à mettre *juste assez, jamais plus ;* vous verrez quels bons résultats vous obtiendrez en pratiquant ce précepte : « Tout ce qu'il faut, mais juste assez. »

Il est, du reste, applicable en tout dans votre vie, mes chères jeunes Amies.

Quand vous mettez de l'huile ou de l'essence dans une lampe, si vous en perdez une goutte, cette perte, je vous l'assure, sera appréciable à la fin de l'année.

Je veux vous en citer un exemple :

Dans une usine où l'on employait une très grande quantité d'huile de première qualité, un nouvel employé chargé de la distribution de cette denrée, remarqua que la femme qui tirait l'huile des barriques ne mettait jamais de terrine sous le robinet. Il lui en fit l'observation et lui donna l'ordre de placer immédiatement une jatte sous la clef.

La femme obéit, en disant : « Que c'était bien inutile, » le robinet fermant parfaitement. Huit jours après la jatte contenait environ quatre litres d'huile, trois doubles-barriques étant toujours en consommation. Ce soin de ne rien perdre économisa plus de douze litres d'huile par semaine, soit environ cinquante litres par mois.

Il en est de même pour tous les objets de consommation; ne fut-ce que la demi-aiguillée de fil qu'on jette sans y prendre garde et dont la perte, pour une ouvrière, représente bien une pelote de 0 fr. 15 c. par mois, soit douze pelotes par an, c'est-à-dire 1 fr. 80 c. Cette perte paraît insignifiante, n'est-ce pas? Cependant avec les intérêts, au bout de dix ans, cette économie eût produit une vingtaine de francs qui eussent peut-être été bien utiles à l'ouvrière qui avait gaspillé ce fil.

Ne perdez donc jamais rien, ne faites pas de dépenses inutiles et, si vous avez un salaire, seulement suffisant pour vivre, vous arriverez à l'aisance dans votre vieillesse. L'observance exacte de ce précepte explique l'existence de certaines familles qui ont toujours le nécessaire, tandis que d'autres, avec un salaire plus élevé, n'ont jamais de ressources suffisantes.

Ne remettez jamais au lendemain ce qu'il est possible de faire le jour même, surtout en réparations de meubles ou de vêtements.

Un point est vite fait et empêche la déchirure de s'agrandir. Un petit clou, un peu de colle est promptement mis, et ce soin de clouer ou de coller évitera à vos meubles un raccommodage dispendieux.

Toute négligence peut avoir de graves conséquences ; ainsi, je vous en conjure, mes jeunes amies, ne mettez jamais d'essence dans les lampes qu'en plein jour et, s'il est indispensable que vous en mettiez le soir, *éteignez d'abord votre lampe* et placez-vous aussi loin que possible de la lumière et du feu.

Chaque jour il arrive de graves accidents par suite de la négligence de cette précaution.

A propos de brûlures, je veux vous donner, mes chères enfants, un excellent remède pour la guérison des brûlures.

Si une personne ou un enfant est victime de cet accident, quelle que soit la cause de la brûlure, enveloppez *immédiatement* la partie brûlée de coton cardé, sans l'application d'aucun autre remède.

N'enlevez pas ce coton, ayez soin seulement de visiter chaque jour la partie brûlée et coupez, avec des ciseaux, les parcelles de coton qui se seront détachées d'elles-mêmes. Quand il sera entièrement tombé, non seulement la brûlure sera guérie, mais il n'y aura pas de cicatrice.

Ce remède a été employé avec succès pour un de mes domestiques. Ce jeune homme s'était jeté de l'huile bouillante sur le bras. Heureusement j'étais présente : immédiatement je coupai la manche avec des ciseaux, pendant qu'on m'apportait le coton que j'avais toujours en provision. J'enveloppai immédiatement le bras, mis à nu, d'une épaisse couche de coton cardé.

La douleur causée par l'application du coton fut si forte que je fus obligée de faire maintenir ce jeune garçon par deux hommes. Quelques minutes plus tard toute douleur avait disparu. Je le menaçai d'un renvoi immédiat s'il arrachait le coton de dessus son bras, car il était important de n'y pas toucher.

Chaque matin je coupais le coton qui se détachait de lui-même.

Deux ou trois semaines plus tard, autant que je puis me le rappeler (car il y a de cela vingt-cinq ans), il n'y avait plus ni coton, ni trace de brûlure sur le bras de notre jeune domestique, qui avait même pu reprendre son service bien avant cette époque.

Aussi ne pourrai-je jamais trop recommander aux jeunes mères de famille d'avoir toujours à leur portée une provision de coton cardé, cette précaution pouvant leur éviter de cruels chagrins.

J'aurais encore beaucoup à vous dire, mes chères jeunes Amies, mais le temps me manque.

Quelque incomplètes que soient ces pages, que j'ai eu tant de plaisir à écrire pour vous, je veux cependant espérer que vous y trouverez quelques indications utiles et que vous vous intéresserez au ménage de Julie.

---

30 OCTOBRE 1887.

TABLE GÉNÉRALE.

Aux jeunes fiancées.................. .. Page   5
Achats pour le mariage.....................   7
Installation   35
La jeune ménagère.........................   53
Première naissance........................   93
Nouvelles ressources......................   102
Devoirs de famille........................   114
Les vieux parents.........................   137
Conclusion................................   159
Une page du livre de dépenses de Julie Bernard...   170
Note jointe à cette page..................   171
Premier cahier de madame Espinget. — Recettes de ménage...................................   175
Deuxième cahier. — Recettes de cuisine.........   201
Conseils généraux.........................   227

NANTES,
Imp. de Mme ve C. Mellinet, pl. Pilori, 5. — L. Mellinet et Cie, succrs.

Librairie Ch. Delagrave, 15, rue Soufflot, Paris.

MUSÉE DES FAMILLES
(57ᵉ ANNÉE).
LECTURES DU SOIR.

Paraissant le 1ᵉʳ et le 15 de chaque mois.

Chaque numéro forme une belle livraison illustrée de 32 pages sur deux colonnes.

Cette magnifique publication, qui forme ainsi 2 beaux volumes par an, est il meilleur marché que toutes les autres publications de ce genre.

ABONNEMENTS.

Un an.	Paris............................	14 »
—	Départements...................	16 »
—	Union postale...................	18 »
Un numéro : Paris, 0 fr. 60 c. Départements......		» 70

COLLECTIONS.

Les 45 premiers volumes du *Musée des Familles* se vendent, broch., chacun..................... 4 »

Les tomes 46 à 63, br., chacun................ 7 »

Depuis 1883, le Musée des Familles forme par an 2 beaux volumes.

Chaque volume broché................. 7 fr.
Reliure ordinaire, 1 fr. 50 en plus par vol.; reliure nouvelle, toile pleine, à biseaux, tranches blanches, en plus 3 fr. 50; avec tranches dorées, 4 fr. 50. — Reliure en un volume de chaque année, à partir de 1883, toile à biseaux, tranches blanches, 4 fr.; tranches dorées, 5 fr.

Envoi gratuit d'un spécimen sur demande.

Méthode de coupe et d'assemblage pour robes de femmes et vêtements d'enfants, ouvrage dont l'usage est autorisé dans les écoles primaires et les écoles normales, par Mᵐᵉ G. Schéfer, inspectrice des écoles de la ville de Paris, in-12, cart.................. 1 25

Notions d'hygiène, suivies d'un appendice contenant l'hygiène des âges et des tempéraments, les équivalents nutritifs, avec figures, par le Dʳ Raimbert, correspondant de l'Académie de médecine. In-12, br... 3 »

— *Le même* ouvrage à l'usage des maisons d'éducation. In-12, br........................... 2 »

www.ingramcontent.com/pod-product-compliance
Lightning Source LLC
Chambersburg PA
CBHW070523170426
43200CB00011B/2308